不思議の国・ニッポン

神と仏の風景

Kamio Tokiko
神尾登喜子

翰林書房

不思議の国・ニッポン—神と仏の風景◎**目次**

第Ⅲ章　碧眼が見たニッポン

第Ⅳ章　外国への発信

第Ⅴ章　祈り・願いのフラグメント

不思議の国・ニッポン——神と仏の風景

はじめに

型と形と神と仏

改めて考えてみた。ニッポン人は、何故、神様・仏様の前で手を合わせるのか、と。

ロラン・バルトが「ある種の仏教徒たちは、苦行を重ねることによって、空豆の中に風景全体を見るに至る」（沢崎浩平訳『S／Z　バルザック『サラジーヌ』の構造分析』みすず書房、一九七三年、五頁）と記したある種の仏教徒が如何なるものであるのかはわからない。しかし、この言葉には苦行の果てに到達する世界観が明確にされている。空豆とは特殊な事例ではなく、小さな器の中にさえ無限の広がりがあることを指摘する表象性に他ならない。

修験道では、大峰連山北半分が金剛界曼荼羅、南半分が胎蔵界曼荼羅としてその山中を歩き続けるのだという。その苦行がどれだけの苦しさがあるものか、それは経験した者でなければ到底判ることはない。したがって、その経験のない筆者などがここに記すことすら烏滸がましいことではあるが、苦行を重ねないまでも、ニッポン人ならば何故か、神や仏のいます聖域に入ると自ずと手を合わせる。その時、何故か両の掌《てのひら》の中には微妙な空間が出来ていることに気付く。

バルトのいう空豆の中の風景と、掌《てのひら》に出来る微妙な空間とが同一である、というわけではないけれど、人は、知らず知らずのうちに自らの掌《てのひら》の中に小さな宇宙を持っていることを知っているのではないか。自分の持っている僅かな隙間が創り出す小宇宙を通して、神や仏が創造する大宇宙を、祈りや願いを集約した「心の眼」で覗き観《み》ているのかもしれない。

これこそが神社や寺院にお参りをした時に、誰が教えるでもなくDNAの中に組み込まれたままに現れてくる祈りや願いの姿かたちであるように思われる。それを体感することにこそ、修験の大先達が導く山岳修行があるといえようか。

数年前、藤原紀香と陣内智則の挙式で耳目を集めた神戸・生田神社の加藤隆久宮司は、「最近の若い者は神社のお参りの仕方も知らん！と苦言を呈す前に、教えることから実践せにゃならんだろう」という。その結果、生田神社では、手水の方法や神社でのお参りのお作法である「二礼・二拍・一礼」をイラスト付きで示している。

この宮司様、私の「どうして神社では二礼・二拍・一礼なのでしょうか？」との失礼な質問に、伊勢神宮では八開手《やひらで》という八回柏手《かしわで》を打つ所作が行われること、出雲大社では四度拝《しどはい》といって四回の柏手であることを教えてくれた。そこに、そもそも何故、神様の前で柏手を「パン、パン」と音をさせて打つのかと畳み掛けてみた。すると、極めて知っ得、納得の答えが返ってきた。「ようするに、人が神様に出会えた感動を披瀝するのだ」と。つまりは、感動した舞台の終幕に観客が送る拍手と同じものが柏手ということになる。

明治に入り、神社祭式行事作法にのっとって全国的に統一されたお参りの形が「二礼・二拍・

一礼」であり、それが現在まで踏襲されているとのこと。余談であるが、この加藤宮司が目の前で打ってくれた柏手の音《ね》は実に柔らかかった。ついそれを口にすると、神職には「幣《へい》振り十年」という言葉があるほど型と形が重要なのだと言われた。よく日本文化は型の文化だといわれるが、そもそもは神への祈りの形こそが日本文化の根源であるか。

型と形。それによって自然に作り上げられる姿。いかなる信仰を持っている自分自身であろうが大宇宙へ誘《いざな》われ神や仏が造形するかの風景を見るために、両の掌《てのひら》を合わせてみることは、小宇宙を通してホンマモンの大宇宙と出会えるかもしれない型であり形である。その期待とともに空論を展開するならば、神や仏のいます神社や寺院は、小と大をつなぐきっかけとなる「中宇宙」なのであろう。

さらに、二〇〇八年。日本文化の根っ子にある祈りや願いについて、改めて考える端緒を与えてくれた聖護院門跡という修験寺院の御門主との時間があった。明治五年の修験道禁止令は、神と仏が同座する日本の根源的信仰形態を壊しただけではない。日本の文化基盤を根底から覆し、ニッポン人のＤＮＡとしてあり続けた祈りや願いの姿を崩壊せしめた荒技であったと断言してよい。

もはやかつて神と仏が同座した光景は復元しようがない。しかしながら、それぞれの信仰の中に現在でもなお、かの時の光景への憧憬は脈々と息づいている。このことは一つひとつのフラグメントとして各社寺に痕跡として残る。

一神教世界からみればまさに「異文化」そのもののニッポン。それをクールというのか否か。答えを探すための「クールなＮＩＰＰＯＮ発見」。無くしたものを探すための歩みを、今、改めて始めてみようか、と考えてみるところである。そう。それは空豆の中の風景に出会う旅の始まりでもある。

第 I 章

伊勢・熊野路でニッポンを考える

歩いて感じた心の在りか

ある本の出版で「心の道を歩く」というタイトルを貰った。と、いうことで歩いてみた。とはいえ、こと改めて書き記すほどの距離ではない。伊勢の外宮から内宮への六・六㎞ほどのものである。正味の時間は五十三分間。近鉄宇治山田駅のインフォメーションセンターで貰ったコピー「伊勢の旅案内図」をみると旧街道よりも僅か近道かと思えた通称御木本道路を歩き始めた。

歩き始めて十五分。等高線の記されていない地図で大地の高低差を失念していたことに気付く。延々と上り坂である。バスに乗ろうかと思っても、バス停がない。どうもこの御木本道路、物流用の道路のようでタクシーも走ってはいない。しまった。歩くしかない。と、いうことで事態は歩かねばならない事態に勝手に自分で追い込んだに過ぎなかった。外宮から内宮までの距離感も土地勘も皆無。それでも案内図に記された建物と実際に目の前に出現する光景とを見比べながらの徒歩であった。

伊勢から熊野へ出て熊野三山へ赴く都合から、スーツを着ていることが恨めしいほど汗が噴き出す。それでも歩くことは止まらない。止められない。デザートブーツの靴底にアスファルトの堅さが直撃してくる。非日常の違和感と、行く先を測れないもどかしさと、それとは裏腹に何となくの快感。

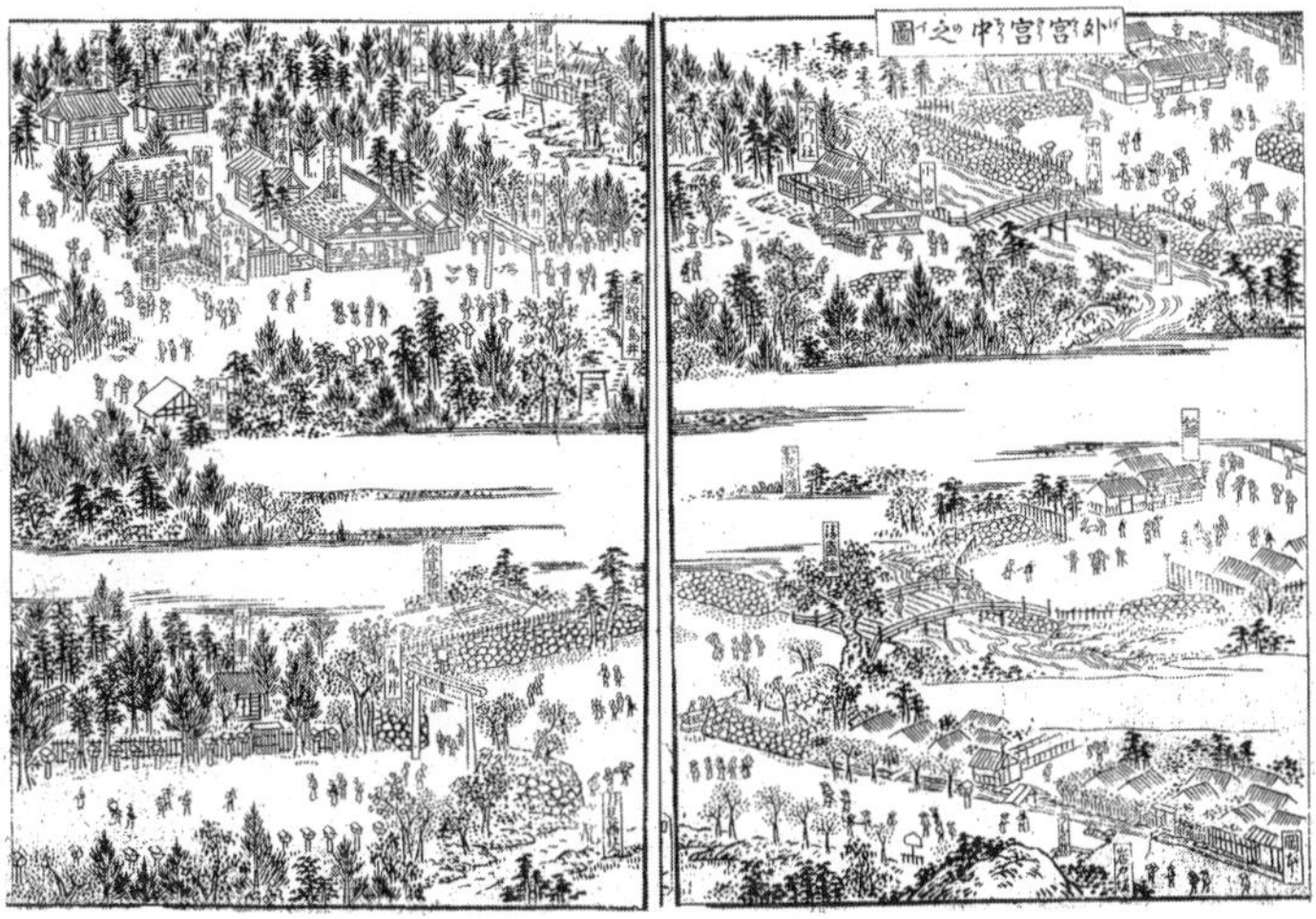

『伊勢参宮名所図会』外宮宮中図　其一

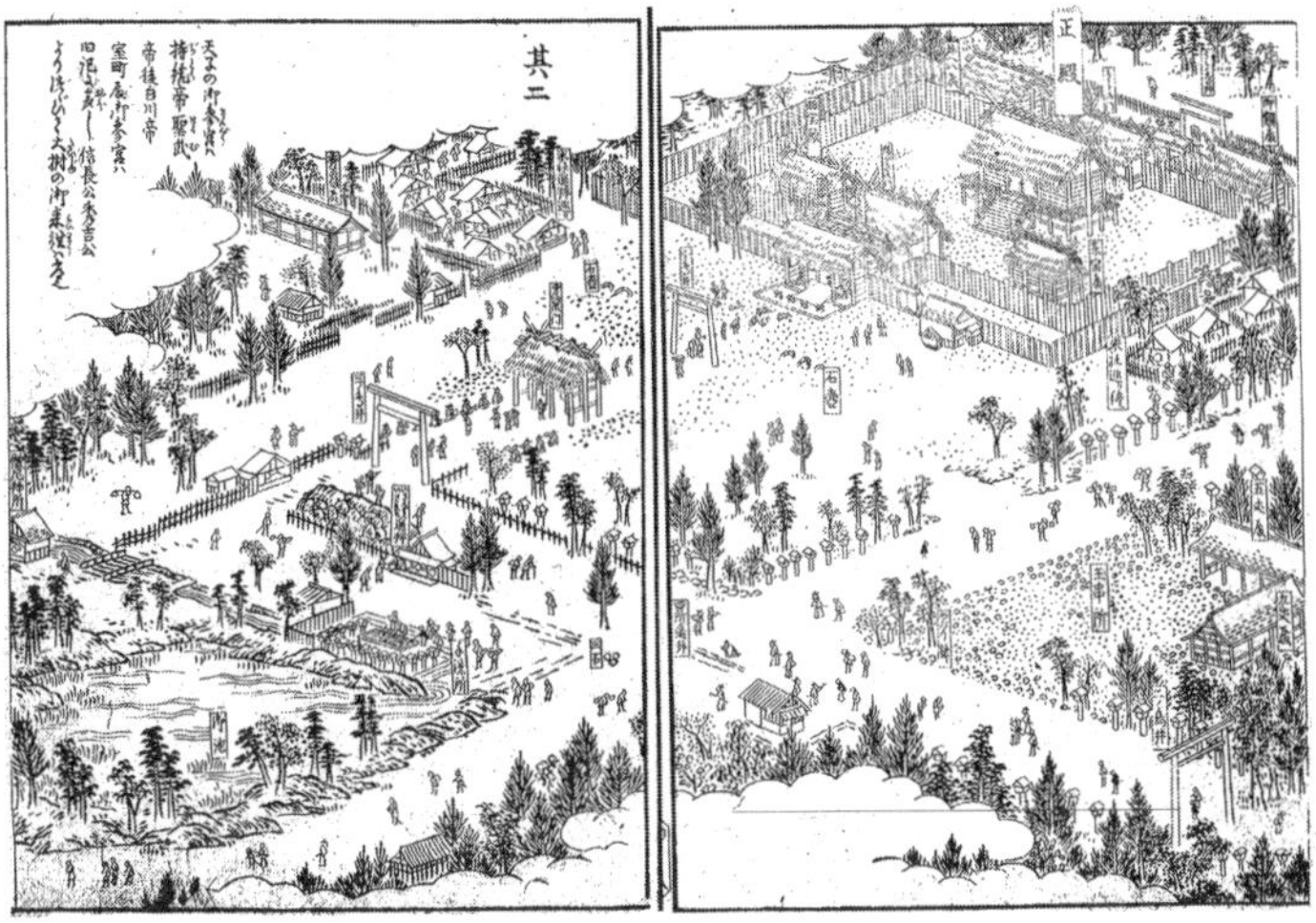

『伊勢参宮名所図会』外宮宮中図　其二

『伊勢参宮名所図会』外宮宮中図　其三

その快感がピークに達したとき、一つ小山を越したことを実感する。眼前に下り坂が飛び込んできたからである。日本のどこにでもあったのであろう「峠の風景」とはこのようなものであったか、と思えた。

かつてこの御木本道路とは車一台がやっと通れる程度の幅であったと聞く。いま、その面影はどこにもない。それでも現代人の身体に苦痛を与えるには十分な道のりである。快感と同時に心肺の苦痛もピークであった。

心が喪失した時代。これは今ではありふれた表現であるが、ではその「心」とはどこにあるのか。人はよくその場所をいうとき心臓部分を指し示す。だが、実のところ心とは脳内にある感情を差配する箇所である。

にもかかわらず、身体で心のありかを示すときには多くの人が心臓を想起する。その鼓動を

『伊勢参宮名所図会』内宮宮中図　其一

『伊勢参宮名所図会』内宮宮中図　其二

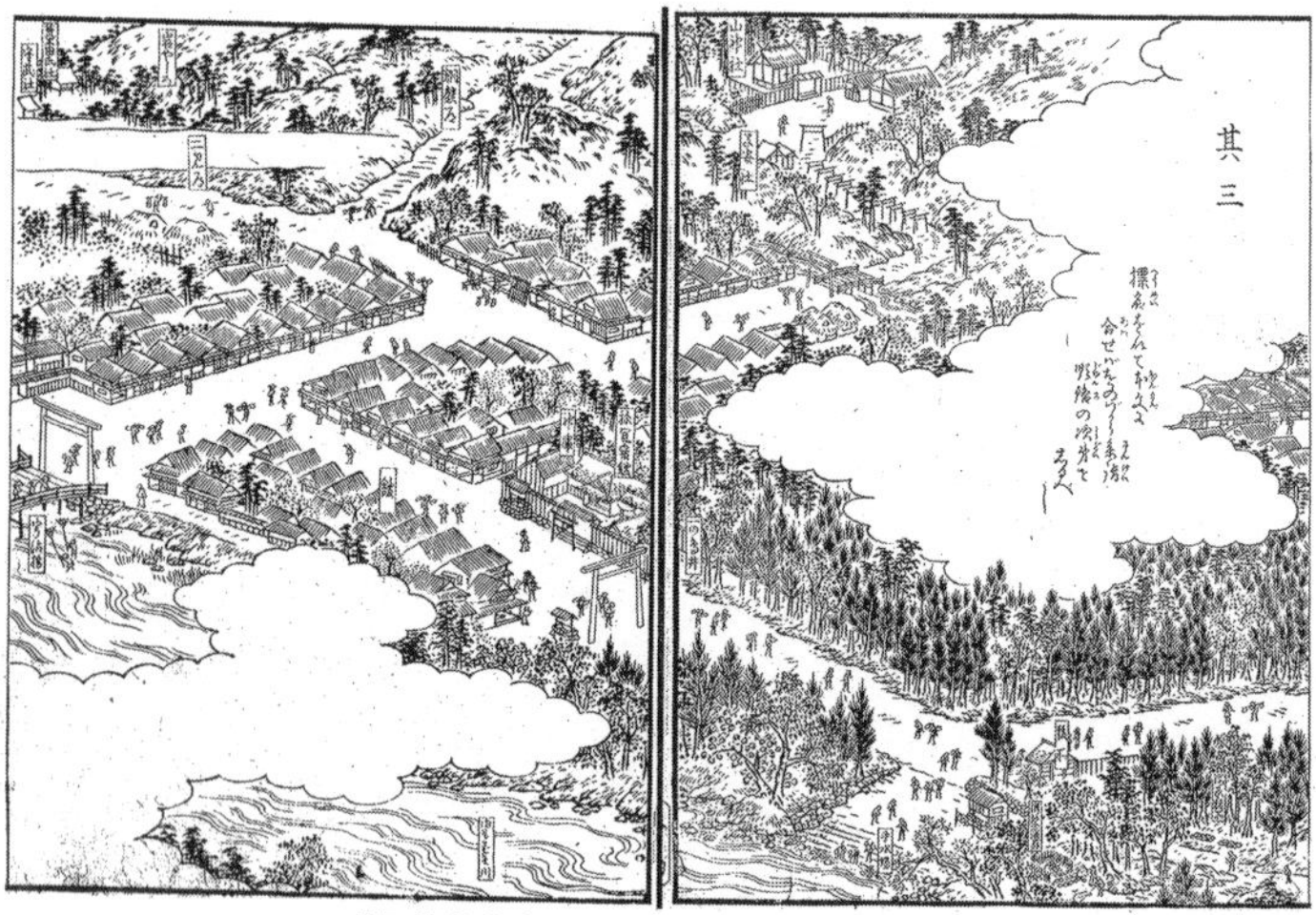

『伊勢参宮名所図会』内宮宮中図　其三

もって人は生きていることを確認する。しかしてその鼓動を実感する一番身近な方法とは、達成可能な目標に向かって歩くことである。

通常、人が歩くことにおいて天台宗の千日回峰行の北嶺大行満大阿闍梨のように死と隣り合わせた信仰の道のごとく常に苦行である必要はない。黙々とただ歩くこと。そこで何に遭遇するのか。普段使っていない筋肉がきしむこと。それとともに、雑念がどういうわけか脳裡から消えるのだ。身体的苦痛は精神を浄化させる機能とどこかで連動しているのか、日々起こる出来事はもしかしたら取るに足りないことなのではないか、とさえ思える。

五十三分間の果てに見えたのは、内宮へ向かう五十鈴川に架かる宇治橋。その周囲には緑麗しき内宮の森。と、いうことで歩いた果てに出会ったのは、清けし爽快感。これに尽きた。

五十鈴川

宇治橋

曼荼羅の絵説きはライブで！

都市部に生活した者が、思い立って想像の域を超えた場所に居を求めることは少なくない。それはそれで、毎日がゆったりとした時間を体感できる絶好の方法なのかもしれない。

熊野三山。熊野本宮大社・熊野速玉大社・熊野那智大社。地図の上で簡単に確認できるし、容易に会話の話題には出来る。しかしこの三社を歩くとすればどれほどの時間を要するのか。実際に歩いていないので残念ながらその全行程の所要時間を記すことは出来ない。

たどり着くまでのおおよその目安は、

熊野速玉大社・新宮駅より早足徒歩約十五分。

熊野本宮大社・新宮駅よりバスで川湯・湯の峰温泉経由で約八十分。

熊野那智大社・那智駅からタクシーで約二十分。

徐々に歩かなくなっていることに気付いていないこともない。ただ、前日の伊勢での六・六㎞が大腰筋をかなり刺激している。

熊野本宮からS字カーブをいくつも曲がり「田舎生活できます」の住宅案内の看板を見ながら、幾分脳内が車酔い状態で新宮駅に向かう途中、権現前というバス停で下車。真っ直ぐ北に向かうと速玉大社に迷わずたどり着く。なぜなら鳥居が見えているから迷えない。

ここで出会った上野顯宮司は、かなりイケテル宮司さんだと思う。チョットだけ山本譲二に似ている。何がイケテルのかといえば、山本譲二に似ていることではなく、話が上手いことである。特に、「熊野観心十界曼荼羅」の絵説き（本来は絵解き）は聞き入ってしまう。

「曼荼羅」は、日月を左右にいただき、その下に「老いの坂」が描かれている。人生の山坂である。生まれてから齢を重ねて死に至る。春の花、夏の緑樹、秋の紅葉、冬の落葉が坂道の入口から出口まで立ち並んでいる。「熊野の坂」ともいうそうである。宮司の絵説きは人生の無常を語る。

「十界」とは、地獄・餓鬼・畜生・阿修羅・人道・天道の、いわゆる「六道」と、声聞・縁覚・菩薩・仏の、「四聖」のこと。その一つひとつが絵説きされていく。「曼荼羅」の下半分はほとんど地獄である。ここの絵説きに力が入っていたと感じたのだが。生きるも地獄、死ぬも地獄、これが世の中である。中央に書かれた「心」を、「あなたの心次第」と締めくくったのはいかにも現代風であった。熊野速玉の大神の前で神仏のご加護を願った次第である。

熊野速玉大社

熊野速玉大社

「曼荼羅の絵説きをお聞きになったことありますか」との問いかけに、「学会で研究者の絵解きは何度か」と答えたところ「それはそれで結構です。少しお聞き下さい」と言って始まった速玉大社社殿前での絵説きは聞き惚れるという表現が最適である。

ここであえて「絵説き」と記したのには理由がある。研究者のそれは画像の説明や解説となり易い。しかし、上野宮司の絵説きには一瞬にして聞く者・見る者を曼荼羅の世界に誘い、そこに描かれた人物に自らを準えてしまうほどのパワーとエネルギー満載であった。

記すことが許されるならば、「信仰を賭した崇高な啖呵売《たんかばい》」。これが熊野速玉大社で出会った光景である。かつて熊野比丘尼と言われる女性たちが熊野参詣を説いた語り口もこのようなものではなかったか、とさえ思える。

「熊野観心十界曼荼羅」熊野速玉大社 上野顯宮司

参拝者を往時へと時の旅人としてくれる根っこには、上野宮司の病める者へ、あるいは弱者へ、無限のいたわりがあるからであろう。心を観《み》つめる、それを実感する数十分間であった。今「熊野観心十界曼荼羅」の解説はネット検索で容易に見ることが可能の時代。

上野宮司の絵説きライブは参詣せずして見ることも聞くことも出来ない。

「何もない」楽しさ

数年前のノーベル平和賞を受賞したアフリカのワンガリ・マータイ女史が世界に広めてくれた日本語「もったいない」とは何の関係もないが、インフラが完備された都市生活者が、ブームに乗って地方に出かけるとつい不平、不満の嵐となる。そのときに口から出てくるのは「何にもない」である。

冗談はさておき、伊勢から、新宮・那智へのＪＲラインは、お世辞にも便がいいとはいえない。とまれ。そもそも、かつての参詣者がＪＲの電車に乗っていたのか、といわれればポッポッと王子から王子へと歩を進めた結果として参詣があったはずである。ということは、この地を歩こうとする際には、そもそも利便性などというものを交通手段として求める必要もないのかもしれない。

新宮から那智へ。といっても土地勘のない場所。インターネットで宿泊施設を検索し、何の確証もナシに那智天満駅近くを予約した。午後7時過ぎ、到着した那智天満駅で地元の高校生とおぼしき一団の後ろから少し遅れて降り立った。すでに駅舎には誰もいない。蛍光灯数本が薄暗く光る駅舎の前の道は「何にもない」。タクシーはいないのか？　エ？　ってことは、今晩はこの駅舎に野宿？　そうだ！　文明の利器をもっていたじゃないか。携帯電話だ。

急いで当夜予約を入れたホテルに連絡をしたら、フロント係は丁寧にも途中まで道案内をして

熊野速玉大社

熊野那智大社

くれた。過去に経験のない妙な安堵感の反面で、駅に降り立ち、そこに客待ちタクシーがいることを当然と思うことが間違いなのかもしれないと思えた。

那智駅から新宮駅まで乗車したタクシーの運転手は言った。「世界遺産になることによってお客さんが、新宮や那智にきてくれることはありがたいけれど、皆さんに「何にもない」って言われてもね〜。この「何にもない」土地に私たち毎日暮らしているんですけどね〜。」たしかに仰るとおり、反論の余地はありません。

別段、運転士も観光客も悪意を込めてのことではない。あまりにも便利である場所から彼の地を訪れたときに、そのギャップをどのように表現できるかさえ冷静に考える余裕さえ無くなる程度には、脳内はパニックになっているのであろう。

那智天満駅の薄明かりの駅舎で「来るんじゃなかった！」って思った時は、少なからずパニックであった。その反省を込めて、ここに記しておこう。那智の皆様、ごめんなさい。歴史に裏打ちされた場所を歩くことは、不便さを楽しめる余裕が必要か。

世界遺産に登録されようが、国家から重要文化財として指定されようが、そこがすぐさまインフラ完備されるわけもないし、その必要もない。むしろ、不便を体感しにいくのだ、と思うくらいの開き直りがあってこそ、百倍楽しめるような気がする。それを楽しまずしては、まさに「もったいない」ことである。

神と仏が共にある国

いきなりな話を一つ。

「熊野の神様ってとっても懐の深い神様ですよ」

とは、熊野本宮大社総務部長真鍋哲男禰宜氏の言葉である。テレビコマーシャルのセリフではないが〝いきなりかい！〟と思ったことは事実である。その真意は、参詣される方の主義主張や信条に対して分け隔てのない全てを受け入れる神様であるということに尽きる。

そもそも現在の日本では、「宗教」という言葉を耳にした時、ある種の違和感や抵抗感を持つことは否定できない。それは、新興の「宗教法人」の名の下でわけの分からない出来事が絶え間なく起こっているからに他なるまい。

タンクの水を瓶に詰め聖水と称して販売してみたり、脅しと背中合わせの先祖供養を強要してみたり、薬事法を無視した何の効能もない怪しげな粉末を押しつけてみたり。冷静に考えれば欺瞞そのものである。でも何とか現状から抜け出たいと思えば、すがれるものには何でもすがろうと考えるのが人である。

真鍋禰宜さん曰く。

かつて明治になる前までは、日本のどこにも神様のそばには仏様が、あるいは仏門の修行者がいました。熊野本宮では時宗の一遍上人が第三殿で百日間籠参行をされていらっしゃいます。ここで悟りの境地に到達し熊野大神から啓示を受け、生涯を布教のために費やされています。現在でも上人のご命日の二十三日には毎月一遍上人顕徳祭をおこなっていますよ。熊野三山が世界遺産になった際も、京都から修験の僧侶様がおいで下さいました。

神様と仏門の僧侶が同座することへの違和感。これは、もしかしたら勝手に思いこんでいるだけなのかもしれない。明治以来百四十年の時が過ぎようとする現在、国家政策の名の下に実施された神仏分離によって、本来柔軟な日本と日本人の精神文化、特にそれは神と仏への篤き心を失い続けた時間であった。

真鍋禰宜さんとの話の中で出てきた話題はここに記すことが出来ないほどに時をさかのぼり、あるいは明治の頃に立ち止まり、そして現代へと縦横無尽に時を旅させてくれるにはあまりある内容である。その中で、一つだけ。「いま、日本人でありながら日本のことを知らなかったり、興味がなかったりする世代が増えていますよね。むしろ、外国人の方がご存じだったりする。」

このご指摘、実は明治時代、日本にやってきた外国人と同じであるのは皮肉といえば皮肉である。

熊野本宮大社

熊野本宮大社

紀伊熊野に鎮座するのは熊野坐《くまのにいます》神社、熊野速玉神社、熊野那智大社である。平安時代中頃より、本宮・那智・新宮と並べて「熊野三山」と呼ばれるようになった。

熊野本宮は、崇神天皇によって創建され、その後、千数百年にわたり熊野国造家の子孫によって祀られている。

五棟十二社の社殿が熊野川・音無川・岩田川の合流点の大斎原《おおゆのはら》に鎮座していたが、明治二十二年、洪水により流失したため、中四社・下四社を元の地に残し、上四社が熊野川右岸の高所に移された。

結宮の第一殿に夫須美《ふすみ》大神、第二殿に速玉《はやたま》大神、本宮の第三殿に主祭神である家津御子《けつのみこ》大神、若宮の第四殿に天照大神が祀られている。

熊野速玉神社は、十二社殿あり、第一殿の結宮に熊野夫須美《くまのふすみ》大神、第二殿の速玉殿に主祭神である熊野速玉《くまのはやたま》大神と熊野結大神など十二柱の神々を祀る。

熊野速玉神社の由緒は、熊野信仰の原点である「神倉山」の霊石ゴトビキ岩・天ノ磐楯を神体を源とする。景行天皇の時代、天ノ磐楯に降臨した熊野三神を新しく建立した神殿に迎えたことをもって「新宮」と号したといわれる。

熊野那智大社は、社殿が六殿あり、第六殿には八社殿がある。第一殿に大己貴命《おおなむちのみこと》、第二殿に家都御子《けつみこ》大神、第三殿に御子速玉大神、第四殿に主祭神である熊野夫須美《くまのふすみ》大神、第五殿に天照大神を祀る。また、「那智大滝」を神と崇め、そこに国造りの神である大己貴命《おおなむちのみこと》とその親神である夫《ふ》須美《すみ》大神・伊弉冉尊《いざなみのみこと》を祀ったのである。仁徳天皇の時代に、大滝より現在の社地に移ったといわれる。修験道の興隆により、大滝の神体である大己貴命《おおなむちのみこと》の権現として「千手観音」を祀るようになった。「飛瀧権現《ひろうごんげん》」である。社伝に「神武天皇が熊野灘から那智の海岸の二色浦に上陸されたとき、那智の山に光の輝くのをみて、この大滝を探り当て、神として祀られ、その守護のもとに八《や》咫烏《たがらす》の導きによって無事大和へ入られた」とある。

多くの神様を感ずることを期待して、もう一度熊野三山へ出かけてみようか、と思う。

闇だからこそ見えるもの・勅祭石清水祭

深夜、社の杜に囲まれた中から空を見上げると、改めて知らされることがある。それは、夜であっても空が蒼いのだということを。何をたわけたことを、と思われたならば、一度何の灯りもない杜の中から眺めてみるといい。そこで、杜があることが重要である。なぜならば、昼間に緑に見えている木々の葉は、闇の中で漆黒へと変わるからである。

これは、京都の勅祭三社（下鴨・上賀茂・石清水）の一社、石清水八幡宮で毎年九月十五日に実施される勅祭石清水祭の未明に体験したものである。その闇の中、御祭神を乗せた御鳳輦が静かに進んで行く。闇の中に、ただたしかにあるのは、神職の方々の足音のみである。

その列について男山山上の社殿から、山下の放生川べりにある頓宮まで、闇を照らす僅かな灯りをたよりに下りてくる。今でこそ懐中電灯の灯りであるが、かつてであるならば、松明であったろうか。

闇に目が慣れてくると、闇が闇でなくなる。そのとき、ふと「心の眼」という言葉を想起する。御鳳輦を担う人たちこそ、この闇の中を心の眼をもって一段、また一段と降りていくのであろう。

毎年の儀式というには、あまりにも長い千年以上にわたる勅祭石清水祭。そのたびごとにこうして男山の山上と放生川とを往還し続けて来たのである。それは、型をもった所作によって奉祀

石清水祭（石清水祭八幡宮提供）

石清水祭（石清水祭八幡宮提供）

し、その所作を継承し続けることによって今に至る悠久の時そのものである。その祭りを漆黒の闇と空の青さが彩っている。かつてであれば、その隊列を神官と僧侶とによって静かに沓と雪駄の音が奏でられたのであろうか。

熊野速玉大社宮司上野氏は、「よく神道には経典がない、と言われますが私はそうは思わない。神道の経典は継承し続けてきたしきたりですよ。しきたりは、きまりであり変えてはいけないこと。守り続けなければならないこと。」と言った。その言葉を聞きながら、脳裡をよぎっていったのは、石清水八幡宮の石清水祭であった。

石清水の禰宜を務める西中道氏は、「石清水祭の前一週間は、水分を摂ることも考えますね。一晩中の祭儀の最中を考えると自分だけのことではありませんから」と。

深夜の蒼い空のもと、闇の中から始まる祭儀はやがて夜明けを迎える。あかときを過ぎ、あけもどろとなって夜が明けていく。その瞬間、一群の鳥の群れが儀式の庭を飛び去っていく光景に出会うことになった。

ふと我に返ると、幾分のけだるさと共に、神と共にあった一夜に説明のつけられぬ感謝が拡がっていることに気付く。そこで分かったこと。繰り返される祭儀の意味は、継続にこそあるのだ。

ニッポン人のDNA

時折、考えることがある。日本人のDNAとは何か、について。日本文化を考えるとき、結局行き着くところは、日本という国の根っこにあるものとはいったい何か、なのであるがそれが何なのかよく分からない。書き記している者は答えを出すのが当然ではないか、と叱責を受けるならばそれは甘んじて受けよう。

神々が宿るこの日本に仏教を広めた、聖徳太子すなわち厩戸皇子は「和」を説いた。「和」なるものがどのようなものであるのか、それもよくは分からない。が、なんとなくのものとしては、集団を構成する原則の中で異なった意見を発言しないとか、人とは争わないとかを説明するときに使用できる概念、それが「和」かもしれない。

日本列島は今さらながらではあるが、国土の周囲を海に囲まれている。ようするに、他国、他民族と接する地理的環境ではない。そのことがある種の独自の文化形成をする土台となった。この地理的環境は、ことさら言葉にして訴える必要がなく、他者との関係を築くには「言はで思う」ことを理解することにあったと指摘出来ようか。

それは、わずかでも他者への気配りをすることで集団の調和を保つことにつながり、いつでも円満な関係を形成する有効な方法でもあったのだろう。そのことからすれば、日本の精神文化とは「推察の文化」ということになる。自己主張しなくとも、誰かが推察してくれることでそこそこ満足のいく結果がもたらされる。

しかし、いまやどこもかしこも自己主張が吹き荒れている。ここぞとばかり、言わずに済ますことがないほどに、主張だらけの現代である。国際社会の中でいえば、それはそれで必要な行動である。外国人からしたら、日本人は意思表示が無いからよく分からない、という。だったら旗幟鮮明にしようじゃない。でもどうやったらいい。だったら、何か言ってみたらいいかも。ということで主張し始めたらわけ分からない状態になった。それがいまの日本のように思えて仕方がない。主張のイ・ロ・ハを習わずに、出来るわけがない。でも、何か言っておけ。その延長上に、日本各地でそれぞれ世界遺産にされるやいなや、一斉に当該の場所や建物を見物に出かけていく集団行動の日本人の姿が重なるのは気のせいか。

さてさて、終わらない物見遊山の旅は、次の新たな世界遺産の地を待っている。

信仰という名の遊山

ふと、江戸時代のお伊勢参りはどのようなものであったかと想像してみた。東海道中膝栗毛のような旅が一般的であったか否かはわからないが、『伊勢参宮名所図会』に残された鳥瞰図の一枚「間の山（あいのやま）」には、道ばたに小屋がけした場所で三味線を弾く女性たちが描かれている。

そもそもこの「間の山」、図会の詞書きにしたがえば、両宮の間にある山だということで「間の山」とのこと。あるいは、浄瑠璃などに加えて語る物語に〝間の山〟という音節がありそれはここが発祥の地であるともいう。その結果、今でもササラをすり、三味線を弾くことは残ったけれども、その謡い自体はどのような者であったのか分からなくなっている、というのである。

『伊勢参宮名所図会』本体の説明には、〝ほいと〟といわれる娘三味線弾きが金銭を乞うていると記されている。彼女たちの名はお杉・お玉。三味線を弾きながら、道行く人の着物の柄を指して島さん・紺さんなどと符牒で言い合っているという。その横では子供が彩を手に持ち踊っている、という光景が図会にはそのまま描かれている。

この〝ほいと〟とは宮門を護った隼人の異称であるというが、俗に古語にいう物乞いのことである。しかし、こうした三味線弾きは、芸は身を助くのごとく、自らの芸を売って経済的にも自立していたのであろう。したがって辞書的な意味での物乞いとはならない。それを道行く人々は

『伊勢参宮名所図会』間の山

旅の慰みとして眺めている。

人が往来する街道筋、そこには大道芸人がやってくる。どのように考えても真摯な信仰心と共に伊勢詣でをしている風はない。それは当然といえば当然のことであろう。お伊勢詣でとは、その往復の旅程の中で見聞した事柄を邑落に持ち帰ることに他ならない。ただそれだけでは出かける事由にはならないため、何らかの明確な説明原理が必要とされた。その際、神詣でとりわけ、日本の根っこともいうべき伊勢の神宮への参詣は最良の事由となったということである。

したがって、両宮の合間にある〝間の山〟などは、大道芸人にしてみれば最高の稼ぎ場であり野外ステージであったということになる。

外宮

外宮

伊勢は大人のアミューズメント

伊勢詣でをもう一段。場所は〝古市〟。間の山の東の町である。ここでは、飲めや歌えの大騒ぎが図会に描かれる。伊勢の神さんどこ行った？と疑いさえ感ずる図会である。

この古市、〝市〟というからには商人の集まるところであり、名所図会では市には必ず遊女がおり旅人の憂いを癒すのだと記される。遊女から施される癒しがどのようなものかを問うてみるほど無粋ではないが、『伊勢参宮名所図会』に記されるほどに、ここは繁盛している地であり茶屋も多く、果ては芝居までやっているという。

田畑の真ん中に遊女がいても繁盛はしまい。日常から離れて旅の空にいるという非日常の中にあってこその遊女からの癒しである。そう考えてみれば、図会に描かれる男たちは完全に羽目を外した状態である。

①茶屋の女が奏でる三味線の音色に合わせて手ぬぐいを頭からかぶり踊る者。
②五つ紋の着物を着て御頭付きの魚を前に酒を飲む者。
③その向かい側には脇差しを差し紋付き袴姿で座る者。
④既に出来上がっているのか遊女をたのんでいるのか茶屋の女と戯れ縁側で寝そべる者。

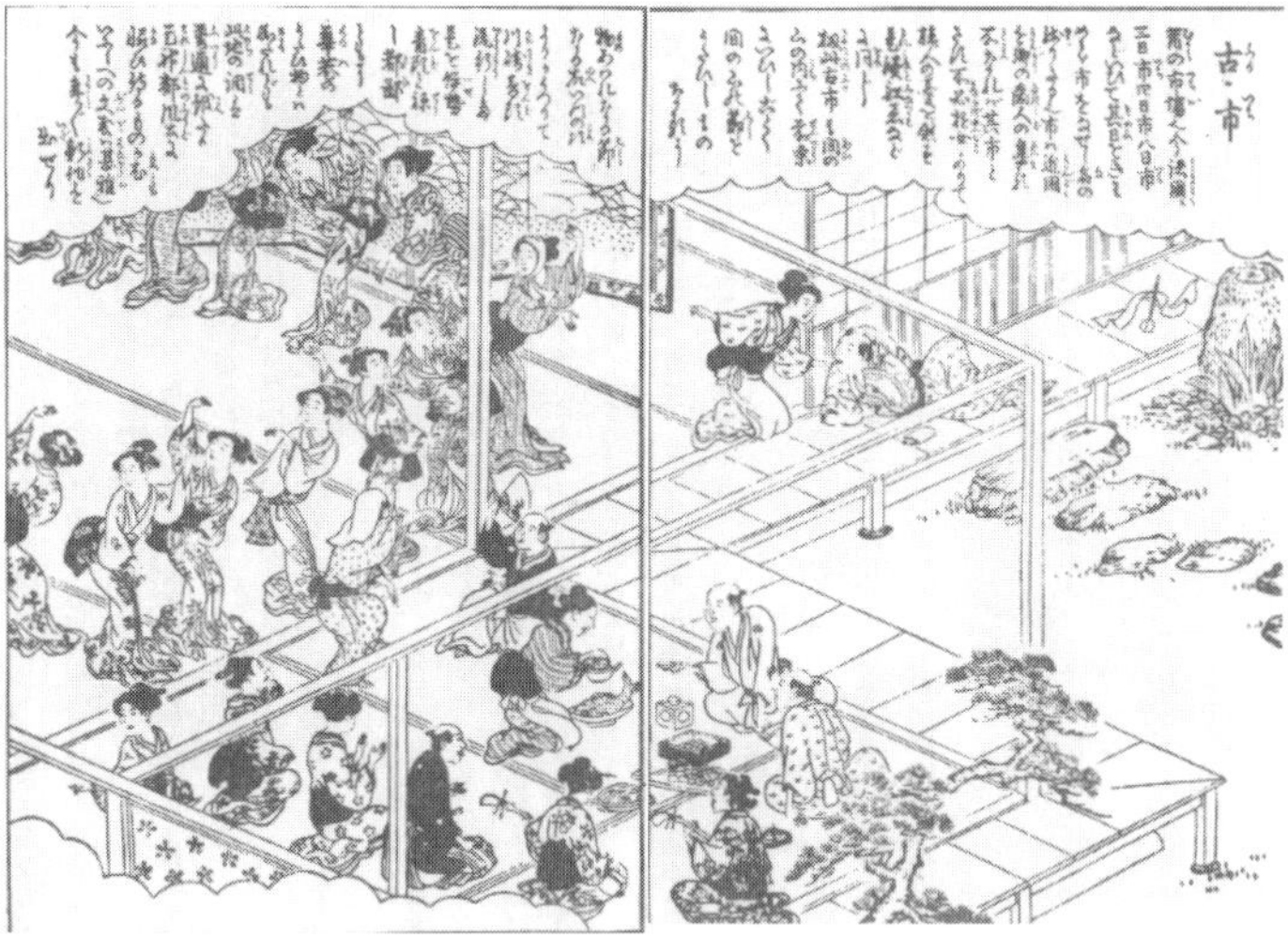

『伊勢参宮名所図会』古市

⑤奥座敷では伊勢音頭に合わせているのか
輪になって踊る遊女たち。

乱痴気騒ぎの大音声が図会の中から聞こえてくるほどの臨場感である。再度記しておくが、これは『伊勢参宮名所図会』の一葉である。江戸・吉原でもなければ、大坂・飛田でもない。正直なところ、お伊勢参りとは猥雑と神聖さとの表裏一体のうちになされるものという前近代の共通認識があったとさえ思えてくる。

現在のお伊勢参りでも、内宮の森を歩いているとおかげ横町の各店舗から導かれて本殿に向かう人の列が畝をなしている。そこに交わされている会話を耳にしていると、明治初期に日本を訪れたイギリス人女性、イザベラ・L・バードが〝神聖な神殿〟と書き記したことが不思議なことに思えてくる。といっても、実際に出かける以前にバードが勝手に理解していたことであろうとみられるのだが。

それにしても、改めて日本人にとってお伊勢参りとはいったい何であったのかと考えるところである。ようは、現在でいうところの〝大人のアミューズメントパーク〟旅とでも考えればよいか。

イザベラ・バードのお伊勢参り

一八七八（明治十一）年、イギリス人女性イザベラ・L・バードは伊勢の神宮を訪れている。そこには〝The Divine Palaces of the most holy gods of Ise（伊勢の最も神聖な神々の神殿）〟と記す。もともと、バードの〝*Unbeaten Tracks in Japan*（日本の未踏の地）〟は明治十一年の日本の東北から北海道への旅と関西から伊勢への旅の中で見聞した事柄を記して本国イギリスに住む妹に書き送った書簡である。

神戸で書いた十月二十日付の書簡の最後に、バードは、自分が関西にやってきた理由の一つは、神道の〝聖地〟である伊勢神宮を訪れることであると記している（原文；One of my objects in coming here is to visit the Shrines of Ise, the "holy places" of Shintoism）。

バードが何を期待したのか定かではない。ただ、バードは次のように書き記している。

伊勢の社は、神聖さという点で神道の社の筆頭に位置している。神道信者にとっては、非宗教化した現在においても、メッカがイスラム教にとって、また、エルサレムの聖地がギリシア人やラテン人に対して持つのと同じ重要な意味を持つものである。毎年何万人もの巡礼者が未だに出かけている。

バードのこの理解が正しいか否か。むしろこれは前近代的なお伊勢参りの実情を考えれば的確であるとは言い難い。むしろ、ニッポン人にとってのお伊勢参りが遊山ありき、であったことを思えば、メッカやエルサレムのような聖地と理解するには無理がある。

伊勢に向かう途中、バードは奈良・三輪で宿をとっている。その際、三人の車夫がバードの旅に同行したい旨を伝える。その理由は何のことはない、「我々もお伊勢参りがしたいんです」という一言に尽きる。

そのようなお伊勢参りとは、伊勢の神を信仰することを目的としている、というよりも、むしろその道中での〝遊時〟と〝遊事〟の出会いと、伊勢神宮のお札を拝受することにあったであろう。伊勢の神宮がどのような神を祀り、どのような儀式を行い、どのようなしきたりによって一年を過ごすのか、それは庶民の求めるところではない。

その意味において、西洋人にとっての旧新キリスト教を問わず、そこに生まれる信仰心と同質のものがニッポン人にとっての伊勢の神への信仰としてあったかといえば、些か疑念する点となろう。

バードは、伊勢・古市での光景を次のように記している。

古市は宿屋・茶屋・女郎屋が目白押しで、たいていは大きな造りの店舗で、堂々とした破風が通りに面している。山田は古市にも近く、ここもまた見世物屋であふれている。両方の街には約四万の人が住み、日本にこのような頑丈なつくりで絵のような建物があるのは驚きである。日本人の巡礼というのは、けっして厳粛でもなく神聖なるものでもない。それどころか、神道巡礼の大きな門前町にはなみはずれた数の不道徳な見世物がある。

いかにも、イギリス人牧師の子弟的発言である。〝不道徳な見世物〟こそが、お伊勢参りという前近代から継続した信仰に名を借りたアミューズメントに他ならないのである。

ニッポン人にとって、神道がスピリチュアルな精神的すがりの対象であったと断言できるかどうかは判断しかねる。しかしながら、神詣でが、精神を新たにする方法であったことだけはたしかであろう。なぜならば、古いお札を流し、新しいお札を受けることが神詣りの目的の一つであるからである。

Isabella L. BIRD *“UNBEATEN TRACKS IN JAPAN, 1881”*（NEW YORK:G.P.PUTNAM'S SONS）
楠家重敏他訳『新異国叢書　第Ⅲ輯　3　バード　日本紀行』雄松堂出版、二〇〇二年。

伊勢の森に感じる

伊勢の神宮の内宮で、多くの外国人を見た。日本の精神文化の根っこ、ともいうべき伊勢神宮に外国人。この風景に場違いな感じはしない。むしろ、わざわざ「違和感がない」というほうがどこかに引っかかりをもっている証しなのか。

たぶん、大学教授か何かをしている人なのだろう。一緒にいる外国人に、日本の天皇家の信仰神社、との説明をしていた。間違ってはいない。簡単に説明できることが一番の重要性だろう。ただ疑問も残る。神道をキリスト教徒とおぼしき外国人に理解できるのだろうか、ということである。

日本人が外国に出かけ、有名なカソリック寺院や教会にいくことはよくある。それと同じように、建物の構造や歴史、由緒来歴などが詳細に分かっていなくとも「見た」ことそのものに意味を見出すことはできる。伊勢の神宮を訪れる外国人もこの例に漏れないといえばいえなくもない。

二〇〇七年秋十月、世間を騒がせた餅騒動であったが、そのおかげ横町に店を構える店の屋号を染め抜いた旗を目印に観光客は本殿へと導かれていく。その先にあるのはただ板塀に囲まれ中がどのようになっているのかは皆目分からない正殿である。その点だけは、ヨーロッパのカソリック寺院とは大いに異なっている。

参詣客はおかげ横町の店舗従業員かとおぼしき人物からのガイド顔負けの説明を聞きながら歩を進めていく。その後ろについてしばらく歩いていくと、神宮の森に包まれたわずかな時間の中で説明のつかない安堵感を覚えている自分自身にであった。どこか、得体の知れない生命力を森の木々の狭間から降り注がれているのか。

森林浴が精神的に良いことだとは聞いていたが、それが本当のことかどうか疑わしいものだと勝手におもってきた。しかし、経験してみるとそれが本当のことだということがわかる。説明は出来ない。むしろ経験してみるに限る。

しばし、正殿の前の階段下で佇んでいた。たぶん、参詣者は奇妙な人物とみたことだろう。天皇の御代替りには宮中三殿の天照大神を祀る賢所での儀式をはじめ、さまざまなしきたりの中で粛々と天皇霊を承けるが、もしかしたら、それは理屈ではなく、感応することなのではないか。

それが正しいか否かは皇位継承者しか分からないものであるが、何かを感ずることの出来る森、それが伊勢の神宮の、とりわけ内宮の森である。交通至便、とは言い難い伊勢に講を組んでまで出かけたのは、単なる物見遊山ばかりではなかったのかもしれない。だが、それを外国人が理解できるのか。その点はあくまでも謎である。

神路山

内宮正殿

伊勢の神宮は、樹木が深々と茂る神路山《かみじやま》と島路山《しまじやま》の麓に広がる。皇大神宮（内宮《ないくう》）と豊受大神宮（外宮《げくう》）のほかに十四の別宮、一〇九の摂社などが森厳な神域に立ち並んでいる。奉斎される社殿は一二五社であり、御同座として祀られる神々は一四一座とのことである。

皇大神宮（神宮内宮）の祭神
内宮正殿　天照皇大神《あまてらすすめらおほんかみ》　一座
相殿　東、手力雄命《たぢからをみこと》　西、万幡豊秋津姫命《よろづはたとよあきつひめみこと》
豊受大神宮（神宮内宮）の祭神
正殿　豊受皇太神《とよけすめらおほんかみ》　一座
相殿　天彦々火瓊々杵尊《あまつひこににぎのみこと》・天太玉命《あまつふとたまのみこと》・天児屋根命《あまつこやねのみこと》　三座

神宮の最大の神事は二十年毎に行われる遷宮、いわゆる「式年遷宮」である。二十年毎に新しく宮殿を造り替えて大神の宮遷りを願う祭りである。古儀にしたがい十数年をかけて正殿、宝殿、外幣殿をはじめ殿内に奉納する神宝、装束、調度品のすべてが新造される。平成二十五年に次回の遷宮が斎行される。

第 II 章

外国人には理解できない？ニッポンの神と仏

キプリングが見た不思議の国

日本人が日本という国の精神文化、生活文化などについて書き記す時、日本語で書いていくと、ついある種の〝はまった状態〟に陥ることがある。つまりは、客観的に書いているつもりであっても、主観的な書きざまとなってしまうということである。それをあえて回避するには、母語たる日本語ではなく、あくまでも外国語によって客観的に書くことがベターであるといえよう。

新渡戸がそのように考えたか否かは判断しがたいが、ある時、文化人類学者山口昌男氏は、日本のことを書くときに日本語に詰まったら、英語で書くと意外とすっきりすることがある、と発言したことがある。それは、新渡戸の時代であろうが、現代であろうがさほど変わりはしないだろう。しかも、その手法は、国際社会の中で日本という国をより端的に諸外国に知ってもらう簡便な方法といえそうである。

留学を経て帰国した学生達が異口同音にいう言葉がある。

〝自分が生まれて育った国であるにもかかわらず日本という国のことを全く知らない自分に留学中に出会いました〟

〝海の側から日本を見て、日本ってもしかしたらいい国かもしれないと思えました〟

もしかしたら、日本人が知らない日本を外国人の方が興味と関心を持って見つめているのは現代であろうが新渡戸の時代であろうが同じなのかもしれない。

ここで一人の外国人を紹介してみよう。一八八九（明治二十二年）春、一人のインド生まれのイギリス育ち、二十三歳の外国人がやってきた。後の一九〇七年にノーベル文学賞を受賞するラドヤード・キプリングである。

キプリングは、人生の多くの時間を日本滞在に費やしたバジル・ホール・チェンバレンによって絶賛されている。チェンバレンが編集した『日本事物誌』（原題：*Things Japanese, Being Notes on various subjects connected with Japan, For the use of travellers and others*）の一項目〝日本関係書 'Books on Japan'〟の中で、次のように記している。

ラデヤード・キップリングの『タイムス紙への手紙、1892年』などは、世界漫遊家が筆にしたうちでもっとも生き生きとした文章であった。彼はなんたる並はずれた世界漫遊家（グローブ・トロッター）であろうか。その文章は『海から海へ』に採録されている（高梨健吉訳『日本事物誌　1』平凡社、一九六九年、七十二頁［本書は第6版を翻訳したもの］）。

この『日本事物誌』とは、原題のサブタイトルにも記される通り、外国人達にとって関心のある様々な日本の事柄について記された事典のようなもので、全部で二〇七項目にわたって外国人チェンバレンが理解した日本についての記述である。

チェンバレンから絶賛を浴びるキプリング、神戸・オリエンタルホテルで一つの日本の習俗についての話題を耳にする。

日本人は、はなはだ清潔好きはあるが、身体を洗う習慣に関してはいささかのんきな面があると、どんな旅行案内記にでも書いてある。彼らは一糸まとわぬ姿のまま、頻繁に、他人と一緒に入浴するというのだ。私は神戸のオリエンタルホテル滞在中にこの話を聞いた。しかしそのときはまさかと思っていた。大阪の自由亭に着いた私はまず、入浴を希望した。すると（中略）その宿のずっとはずれの、寂しい外廊下沿いにある、見事な調度品の備わった、熱い湯と冷たい水の出る、美しい風呂場に連れていった。もちろん出入り口に鍵はない。ダイニングルームの出入り口に誰も鍵をかけないのと同じである。

当時の大阪、外国人用のホテルは中之島の自由亭のみである。チェンバレン編集の『日本案内記』にもそのように記されている。さて、ミスター・キプリング、鍵のかからない風呂場でとんでもない日本の習慣に直面する。その下りを紹介しておこう。

私が身体を洗いにかかったまさにそのとき、ひとりの可愛いお嬢さんが戸を開けて中を覗き、私のすぐ傍らにあった深めの日本式の湯船に入りたそうな素振りをみせたのである。

私は眼鏡以外はなにひとつ身につけて居ない、生まれたままの格好だったが、立ち上がり、彼女の面前でドアを閉めようとした。人間としての尊厳を維持しながらそれを行うことはじつに難しい。さいわいこのお嬢さんは私が彼女の入室を望んでいないということを察したらしく、くすくす笑いながら引き返していってくれたので、私は顔から火がでるほど赤面しながら、熱い湯舟に飛び込んで身を隠した。アベックで風呂に入るという習慣をもたない社会に生まれ育った我が身の幸福を天に感謝しながら。

キプリングが日本の大阪で何を見て、何を体験しどのような風景を見たのか。それを考えてみることによって、現代日本人が外国に出掛けていって、何を見て、何を持ち帰ってくるのかと対比させることもできる。例えば、ハワイに行って、ビンテージ物のアロハシャツを購入したならば、そのルーツをたどるべきであろう。場合によっては、それが本国帰りの商品であるかもしれない。日本人移民が着物や襦袢を使って、ハワイの気候に会わせてやむを得ず創り出した衣料品に現代日本人が新たな価値を見ている時代。さて、では外国人は日本の日本たる何に物珍しさの価値を見たのであろうか。

そこに現在の“COOL JAPAN”というムーブメントがあろうか。

モースの〈日本採集〉

碧眼に映った近代日本―東洋の摩訶不思議。生物学者エドワード・シルベスター・モースの日本収集。得てして、外国人は日本人が全く気にも留めることのない事柄や事物に対して関心を持つ。そこにこそ、欧米を模倣した近代文明にさらされぬ、かつてたしかに日本のそこここに存在した〝生のままの日本〟があるのだといえばよいか。

そこに大いなる関心と興味を寄せたのが、動物学者エドワード・シルベスター・モースである。本書別頁に掲げる〝雑巾〟などはその一例でしかないが、雑具とでもいうべき代物さえ外国人モースにとっては目をひく対象なのである。

磯野直秀氏は「日本におけるモースの足跡」の中で、「彼の日本研究の最初の大きな成果は、一八八六年（明治十九年）に出版したJapanese Homes and Their Surroundings（邦訳『日本のすまい・内と外』、『日本人の住まい』）である」と前置きし、次のように分析している。

建築といっても他書とは異なって神社仏閣のたぐいにはふれず、あくまで中産階級の住居とそこで使われている家具・道具類に焦点をあて、それも便所や下駄箱にいたるまでとりあげている点である。『その日』（『日本その日その日』著者注）からもわかるように、彼の興味の中心はあたりまえの人々の生活とそこで使われる日常品にあった。美術的にすぐれたものに無関心だったわけではないことは陶器収集から明らかだが、その陶器にしても日常的に使用される品々をも同等に取り扱っている（『共同研究　モースと日本』小学館、一九八八年、九四〜九五頁）。

モースの〝日本採集〟の視線にこそ、現在では失われたかつての日本があろう。あくまでも〝日常〟であることを基本においた収集であるからこそ、動物学者であるモースの研究者としての一面の人類学的考察が成り立つのである。磯野氏は由良君由氏の「ボストン美術館と日本美術の逸品」を参照しながら、「系統進化論的観点に立って研究し、分類を進めている」（同論文、九六頁）と簡潔にまとめている。調査分析対象が生物から建築、陶器、さらには拡がって日本の民具を展望していくことは、必然的でもあり当然至極の事柄であった。モースの日本収集以降、時々刻々と当の日本人が捨て去り続けた〝日常〟は、簡単に言えば歴史の中で培われた伝統を喪失することであった。

〝歴史〟なるものが書きかえようのない事柄や出来事の集積であるとするならば、その狭間には確実に存在しているのであろう〝日常〟に存在するそこここの事象こそが伝統であり、文化である。それらの変容を否定するものではない。しかしながら、そのただ中にいる者にとっては日新しい事物への関心とその取り込みを無意識に行うことも別の意味での〝日常〟である。明治の時代に活躍した外国人ジャーナリストＪ・Ｒ・ブラックが、『ヤング・ジャパン』の冒頭で、開国より二十一年間の中で日本は成年に達したと指摘することの意味はそのようなことでもあろう。国策としての入欧は生活様式まで変化させる。そこにある種の〝文化交流〟という視点を設定することは不可能ではないであろう。

モースの〝日本採集〟において、内政政策として慶応四年三月に出された神仏混淆禁止令、いわゆる神仏分離令とそれに伴う一つのムーブメントであった廃仏毀釈があることを指摘するのは田辺悟氏である。田辺氏は「モース研究の民具学的視点」において、次のように分析する。

〈神仏分離〉が行われるなかで、仏像を神体とすることがやめられたり、社前の仏像・仏具の取り除きにより、廃寺・合寺が全国的に行われ、廃仏毀釈のあおりを受けてこの時代には、必要ならば、仏像や仏具などはいくらでも入手できたし、値段もあってないも同然であった。

それゆえ、本来ならば信仰とのかかわりで入手できにくい仏像をはじめ、信仰に関係のある〈モノ〉などを入手することが簡単に行えたことを指摘できる（『共同研究　モースと日本』小学館、一九八八年、三三六頁）。

ここで田辺氏が〈モノ〉と表記したことには重要な意味が込められていよう。かつて、テレビ番組の中で粗大ゴミとして出されていた〝仏壇〟を欧米系と思しき在日外国人が拾って自宅のリビングで収納戸棚として使用していたのを見たことがある。そもそも、仏壇を買い換えたからといって粗大ゴミとして出すのも如何なものかと考えるところではあるが、それをキュートだといってリサイクルする方もする方である。しかしながら、そのように固定観念の中で考えることこそモースの日本収集の視点からは乖離してしまうに違いない。突き詰めていけば、田辺氏がモースの収集品を〈モノ〉と表現した方法の根幹に厳然と横たわるのは日本人にとってのそれと、外国人、特にキリスト教徒にとってのそれは全く異なってくるということである。物珍しい、異国の、しかもエキゾティックなオリエンタル性を凝縮した〈モノ〉。それは日本人の目には崇敬すべき仏像であったり、一面ではタブーを内包した仏壇であったりするものである。モースコレクションの大方は、二十一世紀の現在の日本から完全に無くなっている事物である。それが現在においてなお博物館に存在する理由は、まずはその事物の意味性を考えること以上に、日本を採集する、という行動が重視されたからに他ならない。そのような視線は時を経て仏壇が収納戸棚となるように、外国人にとってはまさしく〈モノ〉そのものなのである。

セーラム・ピーボディー博物館蔵のモースコレクションには次頁のような〝民具〟が収蔵されている。“Portable Buddhist shrine”と記された仏壇である。中には子供を抱いた像が収納されている。『セイラム・ピーボディー博物館蔵　モースの見た日本　モース・コレクション［民具編］』（構成・小西四郎＋田辺悟、小学館、二〇〇五年普及版、七二頁）に掲載された記述から引用すれば、木製・真鍮・塗料と記され、その大きさは幅33・6㎝×奥行19・8㎝×高さ170・3㎝である。上部には「南无阿弥陀仏」と左右対称に真鍮で文字が記され、その下には蓮華が配置される。中央には天女が

やはり真鍮で造形されている。高さに対して奥行と幅のバランスが悪い。

もう一葉、右の仏壇とは似て非なる "Itinerant priests with portable Buddhist shraine" と記される画像である（『セイラム・ピーボディー博物館蔵　百年前の日本　モース・コレクション［写真編］』構成・小西四郎＋岡秀行、小学館、二〇〇五年普及版、一八〇頁）。直訳すれば、仏壇を背負った旅の僧侶ということになろうが、彼らは四国霊場を経巡る巡礼者とは異なる。

あるいは、現在でも京都市中などでは時々見かける修行の一環として行う托鉢の僧でもない。六十六部衆といわれる私度僧である。彼らは廻国の修行僧として全国六十六ヶ国を旅し、一国の有名神社毎に一部ずつの法華経を奉納して歩いた。これも明治四年、政府によって禁止されていくこととなる。（太政官布告第五百三十八号）

外国人による一つの採集記録としてみれば、これらは〝不思議の国・ニッポン〟を象徴する道具である。採集された民具としてカテゴライズされることにおいてすでにこれらが有している宗教性は消去されてしまうともいえる。何故ならば、日本にあっては異教徒となるモースには、神がいて仏がいるという日本の伝統的な宗教風景である〝神仏同座〟の根幹は理解しがたいものであるためである。したがって動物学者の視線の中で出会った日本こそ、採集するべき事物の宝庫であったであろうし、それがどのような儀式に使用されるのか、あるいはどのような民俗学的価値があるのかなどの事物に付帯する真相部分はさほど重要でもなかった。むしろ、日本という国には、こういう〈モノ〉があるということの最大限の採集であることが必要事項であったのだと考えられる。それは、博物学的な視界からの日本採集であった。

モースは最初の来日である一八七七（明治十）年に見た日本の横浜の市場で出会った光景について「旅行中の国の地方的市場を訪れることは、博物学の興味ある勉強になる」（『日本その日その日1』平凡社東洋文庫、一九七〇年、三二頁）と記している。

これはあくまでも、日本の市場で魚介類がどのような容器にどのように陳列されているかを記述する前部での前置きともいうべき箇所での内容であるが、それが動物学者としてのモースの視線から発せられたことであるにしても、そのような視線を敷衍させたところにモースの日本採集があると見るべきである。

モースには不思議・ニッポンの神と仏

日本の宗教風景と外国人からの目。これはいかにグローバル化が進もうと容易に理解し得るものではない。

慶応四年三月、日本の宗教改革ともいうべき神仏混淆禁止令が出される。それは、端的に言えば神と仏の同座の解体であった。神域に居ます仏、仏の境内に居ます神。その解体は新たな神の序列を創り出す大改革でもあった。

しかしである。日本の伝統的な信仰にあって創り出されてきた風景は、外国人から見れば神も仏も大きな差異はないもの、あるいは、外国人には理解できないものと見なされてきたのではあるまいか。もちろん、その傾向はけっして皆無ではない。

モースは、『日本その日その日』において、浅草寺に出掛けた際の記述を次のようにしている。

この寺院には、天主教の祭儀を思わせるものが沢山ある。事実、17世紀の後半、オランダ使節に随って長崎へ来た同国の医師ケンペルは仏教の儀式や祭礼を研究し、坊主、尼、聖水、香、数珠、独身の僧侶、弥撒を見ては"Diablo simulanti Christum"といわざるを得なかった(『日本その日その日1』一一三頁)。

金龍山浅草寺は聖観音宗の総本山である。推古朝に隅田川で漁師がすくい上げた観世音菩薩を祀ったところから始まったといわれている。モースはここ浅草寺の壁の一角を飾っていた汽船を描いた一枚の石版画についてアメリカの宣教師雑誌に掲載された内容に注目し、改めてそれに対して次のような考察を加えている。

「この汽船は難船した日本の水夫五人を救助して日本へ送り届けた。外国人のこの親切な行為を長く記念するために、当寺の僧侶がこの絵を手に入れ、当寺の聖物の間にそれを置いた。」これは日本人が外国人に対して、非常な反感を持っていた頃行われたことで、僧侶達が本当の基督教的精神を持っていたことを示している。そして日本人はこの絵画を大切にする（『日本その日その日1』一一三頁）。

このモースの分析が的を射たものであるか否か、それは判断しがたいところではあるが、むしろこの浅草寺の始まりが、隅田川から引き上げられた観世音菩薩であったことを鑑みれば、日本人水夫が外国船に助けられたことも観音の霊験と考えてのこととしたほうが理解はし易いであろう。浅草寺の僧侶達が基督教的精神を持っていたと考えるモースは、あくまでもクリスチャンであることを大前提として表象を捉えるのであろうが、このような捉え方は100年を経た現在でも変わることはない。自らが依って立つ宗教・文化基盤をもって異文化を見る視線こそ文化交流の基軸なのである。それが的確であるか否かではない。自らが〝知っていること〟から対象に対して肉迫することによって理解しようと試みる行為がここにはあるのだと考えられねばならない。

モースは、呉服商三井に出掛けた際に〝外国人である〟モースの眼には奇妙な光景とうつる風景にであっている。それは、上に掲げる天井から吊られた神棚である。これについてモースは次のように記述している。

殆ど第一に人の目を引く物は、天井から下った、並々ならず大きく、そして美しい、神道の社の形につくった祠である。どの家にも、どの店にも、このように露出した、何らかの祠があり、住んでいる人は朝その前で祈禱する。夜になると一個、あるいは数個の燈明を、祠の内に置く。ある大きな店にこの聖殿がぶら下っており、そして店主や店員がすべて、お客がいるといないとにかかわらず、朝その前で祈禱しているのを見た時は、不思議に感じた。私は我国の大きな店に宗教的の祠があり、そして店主達が日本と同じようにそれを信心するというようなことは、想像だに出来ぬ（『日本その日その日2』二五五頁）。

日本の商家にとってみれば、主人と共に働く店の者達がその商家が祀る神棚を礼拝することは当然であり、取り立てて珍しいことでもなければ、奇異なことでもない。日本の劇場には稲荷が祀られていることがあるが、大入り繁盛を祈願してのことである。それも、おそらくモースにとっては、あるいは外国人にとっては奇妙な風景なのであろう。

モースは言う。

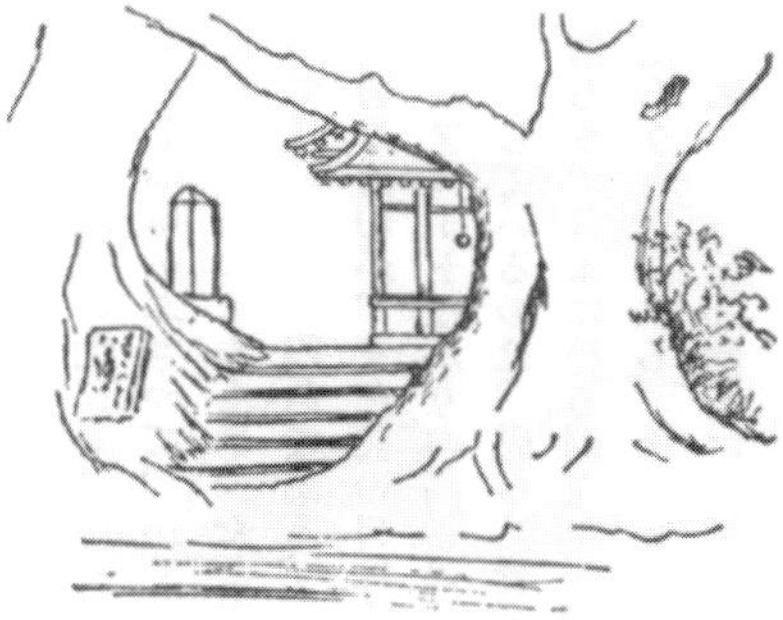

日本中いたる所、景色のいい場所や、何か興味の深い天然物のある場所に、神社が建ててあるのは面白いことである。上の図はこの習慣を示している。樹木の形が変っていて面白いので、その後に神社を建てたのである。ここでは宗教的義務に注意を引く可く天然を利用し、我国では美しい景色が、肝臓病の薬の大きな看板でかくされるか、或はその他の野蛮な広告によって無茶苦茶にされる（『日本その日その日3』一一一～一一三頁）。

これは、九州に出掛けた際の記述である。〝樹木の形が変わっていて面白い〟ことが神社建立の理由ではないであろうが、神観念の差異は明確に表現されているとみてよい。木連理などは祥瑞の一つとしてあるが、樹齢何百年、さもなくば極めて大樹であるとかの由緒において神宿る聖樹をみることは日本的な文化装置の思考方法である。鶏と卵の関係でもあるまいが、人智の及ばぬ造形を自然と考えれば、路傍の石にさえも神を見出してきた日本の宗教文化をモースは外国人として可能な限り的確な視線を向けていたというべきである。

モースさん！ニッポンの宗教はヘン？・お経と法名

明治期葬儀の再現。モースは虎列刺（コレラ）で死亡した日本人蜷川の葬儀に参列する。当時、死亡して後三ヶ月後の葬儀であったと記している（『日本その日その日3』一六七頁）。そこには、当時の葬儀における葬列が詳細に記される。

先ず竹竿のさきに新しい、白張の提灯をつけたのを持った男が十二人、彼等は白い衣服をつけ、絹製の奇妙な形をした、黒い儀式用帽子をかぶっていた（『日本その日その日3』一六八頁）。

それがここに掲げるモースのスケッチである。現在、見ることは不可能な葬列の先頭風景である。さらに棺が担がれてくる。これに続いて、巨大な花束を持った男が二人、次に六人の男が肩でかついだ長い物、つまり棺。これは勿論からだが、蜷川の死骸を代表している。

これに従うのが葬送者で、蜷川の姉と甥、その他私の知らぬ何人か、歩いたり、人力車にのったりして来た。（中略）棺架は、四方ひらいた。然し風で前後にはためく白い幔幕でかこまれた、大きな建物の内に運び込まれた（『日本その日その日3』一六

八頁)。

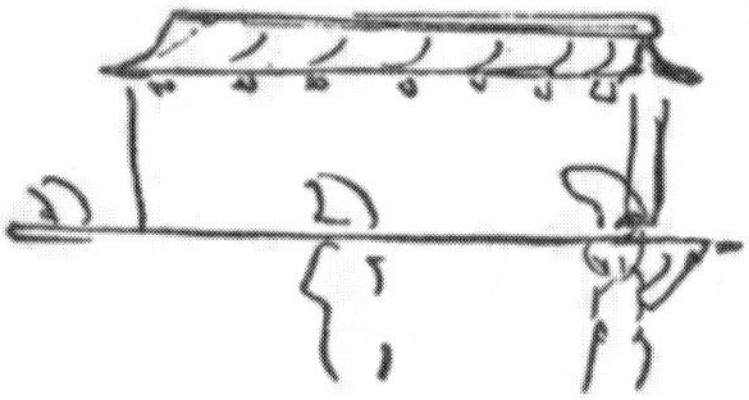

葬列の風景からさらに儀式の場面へと視線は転じていく。

棺架は左方に、二つの支持脚の上に、のっている。花は棺架の花入台に入っている。次に漆塗の卓が二個、その一つは他よりも背が低く、大きい方の卓には、蜷川の名前を書いた木の札が立てかけてある。これは葬列が持って来たので、一時的の墓石として使用される。卓には磨き上げた真鍮の盃その他や、黒い漆塗の台にのせた食物や、簡単な木造の燭台に立てた六本の蝋燭等がのっている(『日本その日その日3』一六九頁)。

克明な記述とそれを補完するスケッチである。葬儀をスケッチする外国人を想像することはある種の不謹慎さを禁じ得ないが、日本人からすればそれこそ奇妙である。モース自ら「恐らく帽子をかぶらぬ外国人が、長いアルスター外套を着て、会葬者の中にいるという新奇な光景を、不思議に思ったことであろう」(『日本その日その日3』一七一頁)と見ていることは極めて客観的な判断である。

ている。

モースはこの時、誦経の音声について次のように書き記し

頭の僧侶が始めた、低い、つぶやくような音に、追々他の僧侶が加わって行った。その音は、私が何一つ、明晰な語を聞き出すことが出来なかったことから判断すると、恐らくまるで意味が無いのであろうが、興味が無いことは無かった。それは悼歌のように聞こえた。このつぶやきがしばし行われた後、一人の僧侶が一対の大きな鐃鈸を取り上げて数回ガチャンガチャンと鳴らした。すると他の僧侶達は短い祈禱をなし、両手の内で頭をぐるぐる廻し、頭をちょっと動かしてそれをやめ、再び誦経を始めたが、風は寒いし、これが永遠に続きそうな気がした（『日本その日その日3』一六九～一七〇頁）。

モースの記す奇妙な僧侶の儀式作法は判明し難いが、モースの耳に届く誦経が悼歌であることと経を唱える音声が明晰な語として聞こえていないことは注目するべきであろう。かつて、チェコからの留学生と京都御所を真夏に歩いていた時に、蟬時雨がノイズとしてしか聞けないと言われたことがある。風鈴の音がノイズと受け止められることと同じであろうが、欧米人にとって誦経の声はまさに明晰でないことにおいて〝意味が無い〟ものとなる。だが、葬儀の際のみの葬式仏教といわれる日本人でさえ、僧侶の誦経には何らかの意味ある音として琴線に響いてくるのである。

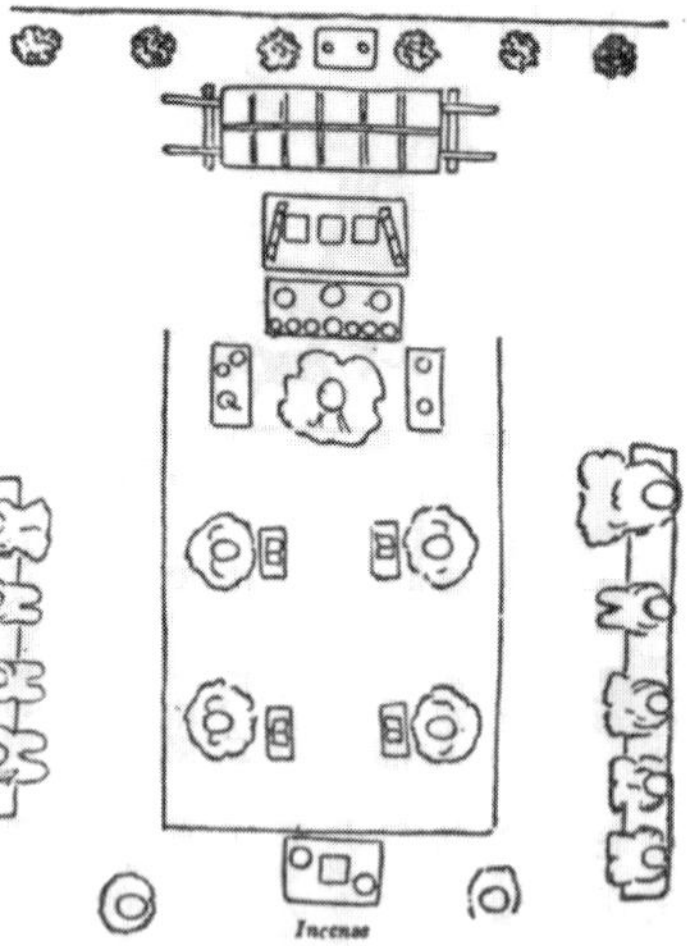

〝音〟は文化であるとは人口に膾炙した表現ではあるが、何らかの儀式の時に届いてくるそれは特にその傾向が強くなると考えてよいであろう。かつて日本でグレゴリアンチャントがブームになったことがあったが、その現象にカソリックという宗教への傾倒は皆無であった。むしろそこにあったのは、何となく癒される、という音そのものが有する響きへの依拠であった。したがって、聖歌として唱えられる言葉の意味が必要なのではなく、唱えられた結果の〝音〟にこそ求められた意味があったのだというべきである。それをふまえれば、モースが誦経の〝音〟を〝悼歌〟と聞いたのはあながち誤りとすることは不適当であろう。

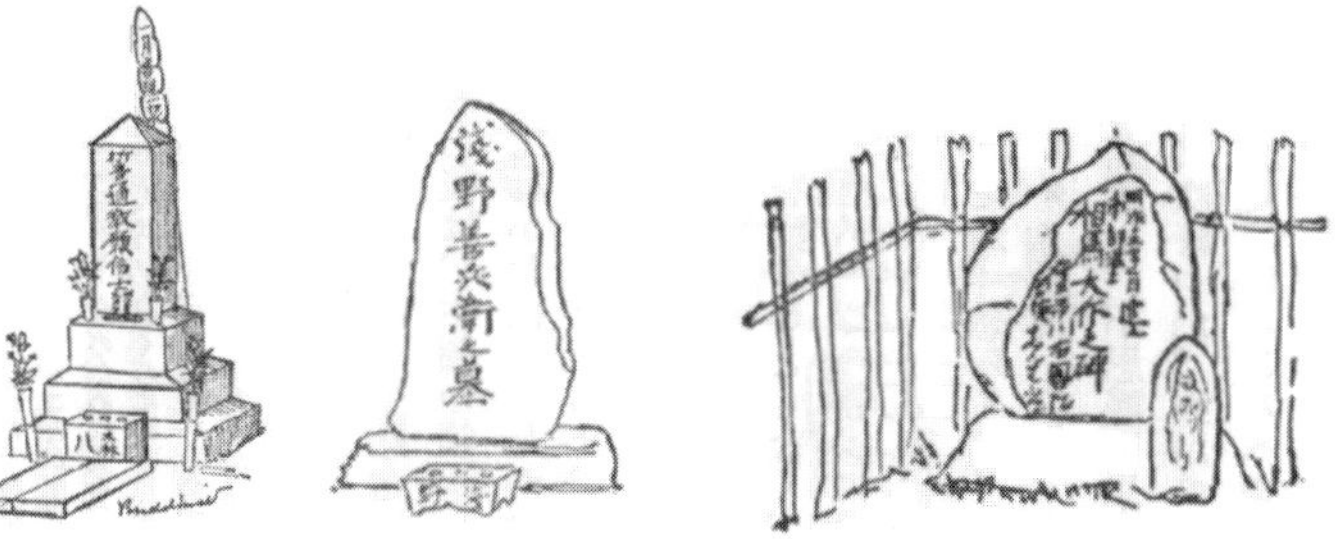

さらにモースは、仏教と神道の墓石の違いをスケッチしている。

「仏教の墓には、精神の名前、即ち死後につける名前を使用する。神道だと、死者の本名と、彼の生涯の略歴とを刻む。神道の墓石は、それを切り出した時の、自然その儘の劈裂面を見せている」（『日本その日その日3』一七一頁）

と記す。

法名を〝精神の名前〟とみることは斬新でもあるが、法名が死者の人生を回顧したものと考えれば、そこには神道的な生涯の奇蹟が集約しているといえなくもない。洋の東西を問わず、墓標とはそのようなものである。

ニッポンの精神・武士道

〝大交流時代〟といわれる現代において、外国へ行くことなどさほど抵抗感のないこと。日帰り、もしくは一泊二日でソウルまで韓国焼き肉を食べに行くこと、二週間前にシンガポール、さて今週末はバリ島、などということも珍しいことではない。

国内旅行よりもむしろ、近隣諸国に出掛ける方が安価であったり、それによって幾分豊かなきもちになったりするのであるならば、それも良いことには違いない。そう、それでこそ日本が客観的にみられる、というメリットも生まれてこよう。

つい先頃まで日本銀行券五千円紙幣の肖像画であった新渡戸稲造は、日本と日本人の精神文化を『武士道』という書として書き表した。今から百余年前のことである。その原書は英文である。日本に生まれ、日本人として育ち、時の国際社会の中で活躍した新渡戸がなぜ『武士道』を日本語で書かずに、英語で書き記したのか。新渡戸が語学力に優れていた、ということでは済まぬ何かがこの根幹の部分にはあるように思われる。

そもそも、この『武士道』を書き表すきっかけとなったのは、新渡戸がベルギーの法政学者ド・ラブレー氏との散歩の最中に交わされた会話をきっかけとしている。その際の話題は、宗教問題であったという。日本の学校教育の中で宗教教育がなされていないことに驚愕したド・ラブレー氏は新渡戸に一つの問いを発する。

「それでどうして道徳教育を授けることができるのですか？」

と。新渡戸はこの質問に、どのように答えたらよいのか判らなかったと、第一版の序文に記している。

その質問から、当時の国際人にして日本人である新渡戸の答える旅路は開始されていった。妻メリーから日常的に問われてくる質問、そして何よりもド・ラブレー氏に対して詳細な解答をしてみようとした中で記された一著が他ならぬ
"BUSHIDO The Soul of Japan An Exposition of Japanese Thought"

であった。

序文で新渡戸は、バジル・ホール・チェンバレン等の日本を良く知る母国語を英語とする名を掲げて、英語で記すことが気の引けることであると明記している。本書が出来上がったのは、一八九九（明治三十二）年。ド・ラブレー氏から質問をされたのはその十年前。

新渡戸は質問に対してどのように回答すれば最も日本と日本の精神文化の本質を外国人に理解してもらえるのか、という点に苦悩した結果が十年という歳月を費やさざるを得なかったのだと考えればよいか。その解説は、現在の日本人にとっても百余年前の外国人と同じ程度には「外国」をしるようなものである。

しきたりこそニッポン

現代日本においてしばしば指摘されることは、戦後六十余年という時を経て日本人の中から良き伝統的な生活様式が喪失したという点である。別段、現代社会においてなお日本人がアーミッシュのような非文明的生活様式を死守するべきであると主張するものではない。ただ、日本という国に育まれ、培われた伝統性があまりにも簡単に廃棄されすぎたきらいがありはしないか、ということである。

ミュージカル『屋根の上のヴァイオリン弾き』の冒頭、主人公テヴィエは〝伝統Tradition〟という台詞を繰り返し呟きながら舞台に登場する。二〇〇一年五月、当時の梅田コマ劇場で公演されたプログラムには「何事もしきたりがある―伝統的なユダヤ人の生活習慣―」と題された一文が掲載されている。そこには、

この劇の主人公テヴィエのいう独白のなかに「このアナテフカでは、何事にもしきたりがある―飯のくいかた、眠りかた、着物の着かた。たとえば、いつも頭巾をかぶり、礼拝用の肩掛けをしとる」と。

ユダヤの人たちは遠い昔、旧約聖書を基に人間が生活する上に必要な規則の織り込まれた

タルムード（TALMUD）と呼ばれるテキストを作った。彼らのしきたりはこのタルムードから出ているものである。彼らの社会秩序や、寝食、健康、祈禱、衣服、結婚等の生活環境はこのタルムードによって保たれ、それらの中で、伝統（しきたり）は厳然として歴史とともに培われてきた（西日本地区事業本部宣伝担当編集『東宝ミュージカル特別公演　屋根の上のヴァイオリン弾き』梅田コマ劇場、二〇〇一年、六〇頁）。

同じプログラムに寄稿した本作品訳者倉橋健氏は、「『屋根の上のヴァイオリン弾き』について」と題した中で「アメリカで生まれてアメリカに育ったユダヤ人たちの多くにとっては、半世紀以上も前にじぶんたちの父祖がもっていた風俗や習慣や宗教観や物の考えかたは、もはや身近なものではありえない」（同プログラム、四八頁）と記している。

アメリカ生まれでアメリカ育ちのユダヤ人だけが〝伝統〟が身近でなくなったわけではない。日本生まれの日本育ちの日本人にとっても、〝伝統〟は遠い過去の遺物となっているのである。一九〇五年のロシア・ウクライナの寒村アナテフカに住むテヴィエが唇にのせる台詞に、

わしらこのアナテフカに住んでいるユダヤ人は皆屋根の上のヴァイオリン弾きみたいなもんだ。（中略）どうやってバランスを保っているかって？それは一口でいえば〝伝統〟、〝しきたり〟ってやつですよ（前掲プログラム、三四頁）。

まさに、この〝伝統〟というものを儀式を通して継承し続けていくのが神道という日本文化システムそのものなのである。モースは少なくとも一貫して儀式を微細な眼差しの中で観察する。それは単に興味の対象として見ているだけではなく、どこかにキリスト教の儀式を重ねながら異文化理解への端緒としてみている風でもある。外国人にとっては、奇妙な風景であったとしてもその根幹にこそ、日本文化の神髄があると見てよい。

明治日本を言葉で、スケッチで、写真でとさまざまなアイテムによって切り取っている碧眼の外国人たち。

それらは当時の日本人にとってはあまりにも当たり前の光景であったり、特筆するような事柄でもないことのようにも思えることであったりする。情報伝達が極めて限られた時代であるからこそ、それらが言葉としても、フォトグラフとしても記録されたのだといえよう。

ここで改めて熊野速玉大社上野宮司の言葉が想起される。〝神道はしきたりをまもり継承することが教義である〟。しきたり＝伝統の重みは洋の東西を問いはしない。

失われた時、ふたたび―ニッポンは何を失ったのか―

集英社から二〇〇八年九月五日に発売された『神仏霊場巡拝の道　公式ガイドブック　神と仏の道を歩く』というビジュアル新書の仕事に携わった。その何回目かの編集会議でのこと。編集長・椛島良介氏と日本アートセンター社長・福島輝男氏から、今回の書名はどのようにしますか？との話になった。

しばらくの沈黙ののち、一五〇の社寺を歩いていただくための公式ガイドブックですから単純に「神と仏の道を歩く」でいかがでしょう、と答えた。その答えの背後にあるものを探り続けた私の結論であった。

今から一四〇年前。というと昔話の世界に感ずる人も多かろう年月であるが、日本文化の培養された時間を考えればさほどの時、ではない。そう。京都的な言い方をすれば、つい先日のことである。

そもそも、右記の公式ガイドブックを編集した経緯は、伊勢の神宮から始まり、比叡山延暦寺に至る二府五県をまたがる関西エリアに点在する社寺一五〇が意思を統合して二十一世紀・平成の時代に新たに創設した霊場を巡るためであった。

では今何故、神と仏なのか。という軽い疑問が浮かぶことだろう。明治という時代になろうとする時、神と仏が同じ聖域に居ますことに、ニッポンの庶民の中に毫も違和感の無かった環境を鉈でぶった切った。失礼。法令として、〝今までのように一緒にいてはいけません〟、と言ったのだ。別段、神さん、仏さんがそうして欲しいなどと一言でも言ったわけではない。

神道を国教化するためにそうする必要があった、とはよく言われるところであるが、それが結果的には志半ばにして終結したことからすれば、そもそも、明治政府は神仏分離によって何を達成したかったのかはよく分からない。

近代に出された法令集を読んでもその意図はつかみにくい。ということで、といっても何が〝ということ〟なのかよく分からないが、一神教の欧米諸外国に対して神道の明確な国家的位置づけを模索し、神と仏が混淆した状況を整理したのだ、と仮においてみよう。では、その結果、一体ニッポンとニッポン人は何を得、何を喪失したのか。

十九世紀半ば、ペリーのニッポン遠征によってニッポンは上へ下への大騒ぎとなる。ペリーがやってくる以前に、オランダ商館を通して徳川幕府はアメリカの動向を知っていたにもかかわらず何の手だても打たなかったともいわれている。その真偽はいずれにせよ、ニッポンは、徐々に侵攻してくる国土ではない。むしろ突如地平線からドでかい黒船が出現しニッポンを開けよ！ということになる。

それによって眼にするもの、耳にするもの、何もかもがAmazing Discoveryの状態となった。相手も日本の風俗、とりわけ混浴には目がテンのようであったようであるが。〝外国からの船来ものはスゴイ〟という意識の普及と普遍化は少なくとも確実にここに認められるところである。

幕末から始まり明治へ。その傾向は加速していく。いわゆる〝和魂洋才〟といわれながらも結局のところ明治から一四〇年間の間ただひたすら〝洋魂洋才〟への道を国家も人もたどり続けたはてが現在のニッポンの姿のように思われて仕方がない。

その時間の中で得たものは、あらゆる舶来ものへのブランド信奉であった。反対に喪失したのはニッポンというブランドであり、ニッポン人によって培われてきた文化の型とかたちであった。

そのような型とかたちの崩壊に向かって大きな負の寄与をした一点に神仏分離があるように思う。ようするにこの明治政府の施策はニッポン人の拠り所を奪ったのだ。拠り所とは、進むべき道と大げさに言う必要もあるまい。日々に根付いた生活習俗の姿の喪失とでも理解するほうがよかろう。

慶応から明治へと改元する前夜、神仏分離を断行することで国家の宗教統制を目指す必要があるほどに、その混淆した現実があったにしても、徹底した宗教弾圧ともいえる国家と宗教の軋轢は噛み合わぬギアのように軋みを産んでいった。

その過程において何よりも美しい日本語が、そして礼節が、あるいは長幼の序が、崩壊の一途をたどったのである。それはあたかも太陽暦に変更することで農事暦が混乱したように、である。

ニッポンが外国人によって再評価されている二十一世紀の今、改めて思えば一八六八年から一四〇年余という時をかけてニッポンとニッポン人は、ヨーロッパナイズ、アメリカナイズすることを美徳とし、自らのアイデンティティを唾棄したというのは言い過ぎであろうか。そのような混乱をもう一度整え直すことと、ニッポンとニッポン人のアイデンティティを世界に発信した一書こそが新渡戸稲造の『武士道』があるといってよい。

宗教が無い中でどのように道徳教育をするのか。その質問への回答がこの書であったことを思えば、縁《よすが》とすべき心の支えを否定され、剝奪される。それは路頭に迷え！と言われているようなものでもある。つまりは、歩くべき道がある年の、ある月の、ある日に突如として無くなったのだ。

たくさんあるかもしれない回答の一つとしてニッポンの精神文化たる武士道をクローズアップさせた新渡戸の慧眼には今さらながら脱帽する他はない。

ニッポン人とは、歴史的に見ても文化的に見ても、実に信仰心篤い民族性をもっていた。半ば物見遊山のようだとはいえど、講までつくって伊勢の神宮に参り、上皇に至っては何週間もかけて不便きわまりない熊野三山の参詣を行ってきた。民間には、六根清浄の山念仏とともに修験道が浸透していたのである。

その道は無くなってはいない。現代人の目に見えていないだけのことである。だからこそ、私は、本項の冒頭で記したように「神と仏の道を歩く」という提案をしたのである。その道を歩くことが信仰に裏付けられていなくとも、それはそれで結構。現代風の言葉で表現するならば、〝癒し〟でよいのだ。癒しは誰かから受けるだけのものではなく、自らの身体をもって、自発的なアクションと共に自らの精神を慰めることでもある。

その一つとして神と仏の道を歩いてみたならば、ひょっとして何かに出会えるかもしれないし、反対に何も出会いはないのかもしれない。それでも、迷いながらでも今、ここに坐ます神や仏に出会う道をたどってみることで、外国人が評価してくれるニッポンの何かに遭遇する可能性は十分ある。

もしかしたらそこにこそ、ホンマモンの〝和魂洋才〟への手がかりがあるかもしれない。ライフスタイルが洋風でも宜しかろう。しかし、魂まで欧米に売っちゃいないニッポン人としての気概発見の道、その一筋が神と仏の点が結んだ道なのだろうと思うところである。

第 III 章

碧眼が見たニッポン

やっぱり理解してない・ニッポンの風俗

歪められる日本文化と外国での需要の中で、芸者とはどのように理解されるのか。

『週刊文春』二〇〇七年三月二十二日号には「ロシアの変テコ日本ブーム『芸者スクール』突入記」と題してジャーナリスト卓也陽輔氏による記事が掲載されている。

それをまとめれば、ロシアは日本ブームである、という内容である。日本食レストランをはじめ、現代日本文学のロシア語訳、漫画・アニメ・コスプレなどがビジネスとして成立しているのだという。その中でもモスクワに出来た「ゲイシャ・スクール」が盛況であることを記している。

記事に記されていることをここに引用しておけば、「茶道の授業を行う部屋もあるが、棚には日本の茶道具ではなく、なぜか中国茶の茶碗や急須が並ぶ。ここで悪い予感はしたのだが、なんでも二階には広いホールがあり、『エロチックダンス』なるものの競技会も開催される」ということである。

卓也氏でなくともこれだけで日本人からみればこの「ゲイシャ・スクール」なるものが歪んだ日本理解によって創り上げられたビジネスであることは推察出来るところである。このスクールを創設したのはオレグ・ホホロフ氏である。

記事によればホホロフ氏は「インドネシアを観光旅行したが、現地の女性と会話する中で、アジアとヨーロッパでは男女関係が『根本的に違う』と気が付き、ゲイシャ・スクールのアイデアが浮かんだ」のだというが、宗教に基づく精神文化形成の差異を無視しての強引なこじつけ、とも思えるヨーロッパVSアジアの対比は最早指摘するまでもないことである。

しかし、得てして異文化を使ってビジネス化を計画するにあたっては、このような歪みが生ずることは避けられないことでもあろう。

とりわけ、このスクールのプログラムとして笑うに笑えない内容は、基本コース十三科目の中でも重要とされる「男性にポジティブなエネルギーを与える方法を教える授業」である。その内容は、

セックスを通じた男女の調和を目指すのがゲイシャの大いなる知恵です。これを理解しなければ、どんな美人でも男性が離れていき、寂しい人生を送ることになる。車にガソリンが必要なように、性的存在である人間には性的エネルギーが必要。しかし、進化の過程で人間の男女は全く異なる心のチャンネルを持ってしまった。これを調和させることが大切なのです。

ということである。卓也氏はホホロフ氏が「『芸者』を根本的に勘違いしているようだ」と記す。卓也氏でなくとも日本人の誰もが誤解していると判断できるところではある。

しかもホホロフ氏は自ら考案し特許取得もした「女性器訓練装置」なるものを使ってトレーニ

ングすることで、男性を喜ばせる女性を排出するのだという。記事内容をここに引用するまでもなく、女性性器内の筋肉を鍛えることで男性を喜ばす肉体をつくることが目的である。

ここには、〝芸者〟が〝ゲイシャ〟もしくは〝Geisya〟となることで僅かな歪みから、全く異なった姿となって日本文化が発信されるプロセスを垣間見させられているようにも思える図式があろう。ホホロフ氏が、記事に記される通りアメリカ進出を実現させたとすれば、日本文化は誤解されたまま、それが〝正統な日本〟として理解されていくことにもなりかねない。

グローバリズムという時代の趨勢の中で、個々の民族や地域に根付いた固有の文化は、容易にビジネス化することが可能となっているに違いない。そこにおいて、〝正統性〟などというものは取り立てて重要視するファクターでも無くなっているのが実情である。〝枕芸者〟や遊女と、〝本物の芸者〟が同じ器の中で理解されること、それがグローバリズムという現象の産物であるのだとすれば、〝正真正銘の正統〟を発信することは、必要不可欠にして最も重要なことなのだと考えねばならないこととなる。

前掲のホホロフ氏は、卓也氏の記事によれば京都で研究したという。日本の伝統文化が残るとされる〝京都〟を武器に、日本をロシアのモスクワでアレンジメントした結果が〝ゲイシャ・スクール〟なのである。しかし、どのように理解してもそこに京都の本質も日本の精神文化も、垣間見ることは不可能である。余興芸を身につけ酔客を楽しませる者たちを見本に、ビジネスとして創り上げた〝ゲイシャ〟は所詮、エロティックでグロテスクなものでしかない。

ただし、ここで留意せねばならないことは、〝芸者〟という職業が、外国人から見た時には、あくまでも芸を披露することのみを生業としたものではない、という理解がある点である。付け加えておけば、日本人の多くも、たとえば京都の舞妓や芸妓による粋な御茶屋遊びの方法を知っているわけではない。むしろ、地方の温泉で決して高尚とはいえない余興芸を見せるゲイシャなる人たちをもって〝芸者〟と理解しているに過ぎまい。

日本文化といいながら、日本人でさえ歪んだ理解がなされている事柄。それらがさらに異国においてアレンジメントされ、さらなる歪んだ姿で展開されているのである。それは、ルイ・ヴィトン社の製品を日本の若者がこぞって所有することと乖離はしていないであろう。またそこをターゲットにして当該社が新商品の発信を実施することが営業戦略であるとすれば、異国で、歪められた日本の一部分を知ることで、正真正銘の日本文化に触れてみようと来日することによって、親日家になっていくこと、それは歓迎するべき事柄ではある。しかし、誤った情報が発信されている現状はどのように打開する必要があるのか。その最短の方法は、正しい内容を的確に伝えること、そこに尽きる。

ぞうきんも牛の乳も異文化

碧眼は日本の何を見て、何を記したのか。このことを考えてみる時、文化交流という言葉が想起されてくる。

「文化交流」。つまるところこの言葉が意味するのはどのような事柄であるのか。一九九〇年代初頭、世界地図はその国境の再編集の時代に入った。東欧諸国の解体と統合の結果、一つの国家が言語、宗教、民族、政治によって統括され得ない現実を目の当たりにしてきた。その頃から改めて「グローバリズム」という表現が時代のキーワードとなり日常用語としてメディアでも人々の会話でも使われている。この頃からであろうか、CMでは盛んに英会話能力が強調され、日本人の活躍の場が狭い日本国内に限らないことが意識されはじめた。世界を見据えたベクトル標示としての自己能力の一端として、コミュニケーションの基本となる会話能力は、必要最低限度のこととなっていった。その達成度は一先ず措くとしてもこの傾向は二十一世紀になっても依然と変わらぬこととして意識され続けるのであろう。話すことができても、書くことはできない現実には多少なりとも問題は残りはするが、自分自身の考えを主張するための表現を母国語以外にも持つことは現代社会では重要にして必須アイテムといえなくもない。

日本という国家は幕末以来、二度にわたる近代化の編集に出会ったといってよい。一度目は黒船来航による開国に伴う欧米文明との出会い。二度目は第二次世界大戦敗戦の結果による民主化という新たなる近代。どちらの近代化も驚きと戸惑いと共に、それまで日本という国で育まれてきた文明や文化との意識、無意識に関わらず、それらをアレンジメントすることで日本文化の部分と全体とを造形してきたのである。そこには、場合によっては歪んだ形で異文化を取り入れた向きもある。それはからずも、外国人が日本なるものの細部に遭遇したときの驚愕と対をなすものでもある。

一八七七年、アメリカ人生物学者エドワード・シルベスター・モース（一八三八〜一九二五）は最初の来日をしている。その後、日本へは二度の来日をし、生涯で三度にわたる来日を行っているが、彼はその間の中で当時の日本を写真に納め、あるいは多くの日常品を収集している。その一部には、当時の日本のみならず、現在でもさして日本では珍しいものでもない〝雑巾〟（一八八二年収集）が彼の目をひき収集品の一つとなっているのである。モース初来日の際の日記には、

床を洗うのに女は膝をついて、両手でこすることはしないで、立った儘手を床につけ、歩きながら雑巾を前後させる。こんな真似をすれば我々の多くは背骨を折って了うにきまっているが、日本人の背骨は子供の時から丈夫になるように育てられている（E・S・モース石川欣一訳『日本その日その日1 *"Japan Day by Day"*』平凡社東洋文庫、一九七〇年、四六頁）。

左のスケッチはそこに掲載されたものである。右に掲げる写真は、セイラム・ピーボディー博物館蔵の日本の雑巾である。『セイラム・ピーボディー博物館蔵　モースの見た日本　モース・コレクション［民具編］』（構成・小西四郎＋田辺悟、小学館、二〇〇五年普及版、七九頁）からの転載であるが、解説によれば当該博物館収蔵番号第二番であるという。三度目の来日の際に収集したものといわれる。当時の日本人が子供のころから背骨を鍛えていたか否かそれは判然としないが、少なくとも昭和四十年代の小学校では、毎日の終業後には通常の掃除において水に濡らし固く絞った雑巾で床を拭いていた。身体構造からすればその動作はむしろ背骨を鍛えるよりも、上腕三頭筋を鍛えていたはずであるが、しかしながら、その姿こそがアメリカ人のモースには奇異に映ったものといえる。

生活様式の差異がすなわち文化の差異であると言及できるものではないが、〝差異〟に出会うことこそ異文化接触の本質であるとするならば、生活様式はその端的なものであったというべきであろう。このようなことはその一例でしかない。

モースの二度目の来日（一八七八年六月〜一八七九年九月）と同時期に日

本を病気療養の目的で訪れていたイギリス人女性イザベラ・ルーシー・バード（一八三一～一九〇四）は、牛乳を飲む習慣のなかった日本において、現在の新潟県小千谷市上ノ山での七月半ばの書簡文面の中で、市野野からの旅の足として乗った荷物運搬用の牛を見て

私は新鮮な牛乳を手に入れることができると思ったが、この地方の人々にとって、子牛が母牛から乳をしぼること以外は何でも聞き慣れぬことであったから、私の言葉を聞いて、みんな笑った。（イザベラ・L・バード　高梨健吉訳『日本奥地紀行 *“Unbeaten Tracks in Japan”*』平凡社ライブラリー329、二〇〇〇年、二一一頁）

と記している。バードは、この笑われた理由を通訳伊藤鶴吉に尋ねたところ伊藤は

彼らはそんなことはとてもいやらしいことだと思っており、日本人は、外国人がお茶を飲むときに『こんな強い臭いのする』ものをいれるとはとてもいやらしいことだと思うのだ、と言う。（同、二一一頁）

と明記する。その一方では、英国人らしい感覚の中で日本茶について「浸液透明の淡黄色液体で、すばらしくいい香りがする。いつ飲んでも、気持ちよくさわやかである。（中略）牛乳や砂糖は用

いられない」（同、七六頁）と克明に記しているのである。

この二人の外国人による日本についての記述が全てであるはずもないが、あまりにも当然であることについて碧眼の眼差しによって見つめられた事柄からこそ、異なった様式であったり異なる文化であるという認識が生まれてくるのである。言わずもがな、日本人にとってはさほど珍しいことはない。つまるところ、文化交流とは、自らが依拠する文化とは異なる文化形成をしている部分への関心から始まるのである。そもそも、前掲の二人の外国人が〝文化交流〟あるいは〝異文化交流〟という意識を持って日本の部分を見ていたのでないことは自明の事柄である。一言でいうならば、異質なるものへの興味と関心、といったところに集約されるであろう。

現代における異文化同士の相互交流を否定するものではない。しかしながらそれとても、かつて開国以降日本を訪れた外国人がそうであったように、自らが依って立つ基盤とは異なる〝文化〟なるものとの遭遇に驚きと興味の中で展開されているのであると考えられる。明治という時代から百年余の通時的な時間軸を経ることで、改めてそれが文化交流そのものであったというところに帰結していくのではないか。

観光で初めて訪れた外国において出会った対象の中に、異質的なるものと日本のそれに類似するものとを無意識のうちに類別することは珍しいことではない。むしろそれは当然の行動であろう。明治期に来日した外国人の目もそのような視線において当時の日本を見たに過ぎない。

とりわけ、西洋文明の中にあって当時の日本を見た碧眼が、未開の国としてみていたのか、絶対的に異なる文化形成の国としてみていたのかは定かではないが、バジル・ホール・チェンバレン（一八五〇〜一九三五）が記した『日本事物誌 ***"Things japanese Notes on various subjects connected with Japan, for the use of travellers and others"***』に取り上げられた項目を見れば極めて多岐にわたる。本書の訳者高梨健吉氏は最終版を内容別に分類している（『日本事物誌』、平凡社東洋文庫131、一九六九年、三五一〜三五二頁）。本書の初版は一八九〇年である。初版出版以降「改訂第六版」（同書、三五一頁）までが出版されている。

明治に入って間もない一八七三年に日本に来日して二十年足らずの中でチェンバレンの目にとまった事項が解説された書が本書であるが、その第五版（一九〇五）の序文には「著者は日本のことについて、常によく質問を受ける。そこで、その返事を辞書の形にして——単語の辞書ではなくて事物の辞書〔事典〕という形にして——本書をまとめたのである。これは場所の案内書というよりも、話題を扱った案内書といった方がよいかも知れない」（同書、八頁）と記している。

ここにいう場所の案内書とはロンドンのマーレー出版から出された『日本案内記 ***"HANDBOOK FOR TRAVELLERS IN JAPAN"***』を指しているのだろう。それが場所の案内記であるとするならば、本書は話題を扱った案内書であるという。高梨氏は「日本の事物のなかで外国人に興味があると思われる題目を選び、批判的に紹介したもの」（同書、三五一頁）であるという。たしかに批判的である点は高梨氏の指摘する通りなのであろうと考えられるところではあるが、序論に記される本書出版の経緯をも併せて鑑みれば、外国人から見た日本において疑問が生まれる項目とは斷くの如き事柄であるという点を明らかにするものであり、それこそが碧眼の眼差しであるといえなくもない。

チェンバレンは、バードと共に浅草の浅草寺に人力車に乗って出掛けている。この時にバードの記した内容が極めて詳細であることは、もちろんバード自身の興味があってのことであろうが、偏にチェンバレンによる〝江戸〟案内の結果であろうとも考えられるところである。

しかしながら、それは日本人にとってはごく見慣れ、ありふれた風景でしかない。そうではあるにしても時間という通時軸が経過した時、改めてその記述こそが現在的な文化の発掘の一助となってくるのである。

文化交流という論点が、政治を媒介とせず社会的に機能することにおいては埋もれてしまっている部分を浮上させてみる時に、文化分析の対象となるのだといえようか。

ポスターから見る日本の象徴

ここに一枚のポスター（オフセット・九九四㎜×六三六㎜）がある。一九一〇（明治四十三）年にロンドンで五月十四日から開催された日英博覧会の際のものである。

作者は不明であるが、クライアントがロンドン中央鉄道であり、イギリス制作のそれであることと、何よりもそこに切り取られる日本の造形を鑑みれば、邦人画家が描いたものでないことは明確である。実際に見てみれば一目瞭然ではあるが、外国人、すなわち碧眼がイメージする日本についてのファクターを組み合わせた図像である。

一八五一（嘉永四）年に開催されたロンドンでの初の万国博覧会以来、半世紀以上を経てなお斯かる図像が碧眼のイメージする日本であった。その間には二十世紀初頭には日英同盟協約締結が挟まれていることからすれば、日本に対しての情報は少なからずあったといえなくもない。が、それをポスター作者が熟知していたか否かとは別物である。

このポスターを見ると先ず目にはいるのは、

①　胸のあわせをはだけている

②　お端折がない

③ ドレスのように着物を身にまとっている
④ 帯はあたかもサッシュベルトのように締められる
⑤ 帯揚げも帯締めも描かれてはいない

というものである。

左手と脇からのぞく背景がそのまま見えていることからすれば、私達日本人が一般にイメージするように、背で、帯が締め整えられているとは考えられない。背後の床几と思しき椅子に腰掛ける、サイドからの構図で描かれる女性を見れば、帯はリボンの如く結ばれている。

おそらくメインに立つ女性もそうであるのだろう。また、肩口から袂への描き方も洋装そのものである。しかも、右手の長襦袢と着物の袂の袖口の長さは明らかに異なる。

碧眼には長襦袢はアンダーウエアー感覚のものとして映るのだろう。身幅の部分も胸のあわせ同様、裾がはだける。蛇の目傘を差してはいるものの肩に傘の柄を乗せ、足下は白足袋に下駄を履き、しかもその爪先は外を向いている。

腰に手を当てた立ち姿はプッチーニの『蝶々夫人』で主役を務めるプリマドンナも斯くありなん、と連想するところである。その中で唯一、顔の造形だけは極めて日本女性に近いところまで描いてはある。しかし、その国籍はやはり不明という外はない。何よりも身長が高すぎる。

ポスターの中心には、わずかに蛇行した水の流れに西洋的とも中国的ともいうべき欄干のある

橋が二つ架かり、その最奥に庭園から続く神社とも寺院とも判断つきかねる奇妙な木造建築が描かれる。水辺に咲く花は菖蒲か杜若かの判別は出来ないが、博覧会開催が五月であることを考え併せれば、おそらくそのどちらかであったのだろう。低木として描かれるのは山躑躅であろうか。しかしながら、高木は明らかに見事な紅葉となっている。

おそらく、絶対的情報量が欠如していた二十世紀初頭としていえば、何となくのその雰囲気が伝わることが重要であったといえようか。同盟国であったとしても若干国家としては格下である東洋の一国である日本を象徴するアイテムをもって、オリエンタル性やエキゾチック性が強調されたイメージ優先の側面は拭えない。要するに、日本の概略をイギリス人に伝達できたならば、それで充分ポスターとしての役割は果たせたのであろう。

さてもう一枚。一九三四（昭和九）年旧国鉄の依頼によるイギリス人P・アーヴィン・ブラウン（P.Irwin BROWN）作のポスター（リトグラフ・1018㎜×634㎜）は夜空を背景に燈籠・鳥居・神社の三つの要素をもってシルエット画像で描かれる。

少なくとも碧眼がイメージする日本という国の最も日本的なものの象徴は着物姿の女性と神社に鳥居あるいは寺院に庭園という点にあると考えることは可能であろう。たとえそれがかなりの歪曲された造形や図像であっても、である。


ポスターは二枚共に一九九七年に開催された「TOURISM IN POSTERS 名作ポスターでたどる100年」（発行・サントリーミュージアム［天保山］）からの転載である。

挿絵と絵はがきのトリック・ニッポンの風景

明治の時代、外国にニッポンを伝達する方法には幾つかあった。

①　外国メディアによるニッポン記事
②　外国人による日本旅行による記述
③　外国人向けに作成された絵はがき

この中で、特にここで注目してみたいのは、絵はがきである。エドワード・S・モースのコレクションとしてアメリカセイラム・ピーボディ博物館に収蔵されている絵はがきには既に失われて久しいニッポンの風景を描いた彩色写真の絵葉書が数多く残されている。

ところがこの絵はがき、チョットしたくせ者であることに気づかされたことがある。一八七八（明治十一）年ニッポンを旅したイギリス人女性イザベラ・L・バードの著作 *"Unbeaten Tracks in JAPAN"* に掲載された銅版画である。

バードは、そのまえがきにおいて次のように明記する。

3

挿絵の中で三枚だけは、一日本人の画家の手になるものであり、その他はすべて私自身のスケッチや、日本人のとった写真から版にしたものである。

と。ところがバードは、どれがスケッチでどれが日本人による写真からのものであるのかについては明記していない。

ある時、明治の写真集を見ていた時のこと。どこかで見たことのある写真だな～？一体どこで見たのか？？？？？脳裡は？マークで満杯になった瞬間。〃バードだ！〃。バードが挿絵として入れていた！

それが、この二種の画像である。

馬子を写した写真は、石黒敬七氏による蒐集写真資料をアソカ書房によって編集された中の一枚である（『写された幕末2』アソカ書房、一九五七（昭和三十二）年刊）。

街道の茶屋は、モース・コレクションの写真編の中の一枚である（構成小西四郎・岡英行『セイラム・ピーボディー博物館蔵　百年前の日本　モース・コレクション［写真編］』小学館、二〇〇五年普及版）。

明らかに、この二種類の写真画像は挿絵の原版写真であろうと考えられる。馬子は、どこでの撮影であるのかは不明。街道の茶屋は、東京・向島言問付近の墨堤であろうと注意書きされている。馬子はいずれにしても、バードは、この街道の茶屋を六月十日付の記録の"THE JUOURNEY

BEGUN"と記した中で掲載している。その地は粕壁である。

　しかも、バードは、この一項において「路傍の茶屋」の解説を詳細にしている。当然、読者としてはこれを読めば、バードが休憩した「路傍の茶屋」が挿絵のものであると考えることであろう。しかしながら、実際は、写真をもとに全く異なった場所での解説に全く異なった場所の写真資料を使用したのである。

　それを、誤用というべきか、わかりやすく説明するための意図的善意というべきかその判断は既にバードもいないため、その真意を確かめることは出来ない。ただ、著作権をここで主張してみても何ら意味は無かろう。まさに、何となくのニッポンを外国に伝達するためには、この時代の最適な方法であったものと理解するのが一番である。

外国メディアが伝えた・仏教儀式

相国寺管長・金閣寺・銀閣寺住職有馬頼底猊下の話によれば、今、フランスでは禅がブームだということである。そのさきがけではないが、外国メディアが伝えた仏教儀式の話題を一つ。

外国人のニッポン理解への一助となったフランスの挿絵入り新聞『イリュストラシオン（*L'Illustration*）』がある。二〇〇四年に朝比奈美知子氏による翻訳で『フランスから見た幕末維新「イリュストラシオン日本関係記事集」から』（東信堂刊）と題した一著がある。

ここには、フランス人による奇妙なニッポン理解が満載されている。オペラ『コジキ』の上演、日本趣味の連載小説『ヒヨットコ』の紹介など、いささかニッポン人としては首をひねるタイトルが当時のフランス人によるニッポンであったことがわかる。

その中で、一八九一（明治二十四年）年二月二十八日の記事は目を引く。「パリで行われた仏教儀式」と題した記事である。

記事によれば、真宗の儀式がギメ博物館の図書館で行われたものであるという。小泉了諦（こいずみ・りょうたい）・善連法彦（よしつら・ほうげん）二名の僧侶による報恩講の儀式が執り行われた。この時の経典は無量寿金剛経であったという。

先に掲げたバードも、京都を訪れた際には、真宗の「英語を話すお坊さん」であった赤松連乗

と出会い教理問答のような宗教談義を行っている。
キリスト教世界に対して、日本の仏教の一宗派を持って行くことが良いか否かは別にして、少なくとも、キリスト教世界から見ればこのようなアクションは、ミッション（宣教）と理解されたと見なされなくもない。
ただ、この日の記事には、

一見したところ、彼らを日本人と見なすのは困難である。日本的な特徴はなく、むしろ安南人（ベトナム人）か中国人との混血のように見える。

彼らが、繊細な横顔と長い鷲鼻、非常に黒く豊かな髪、オリーブがかった黄色い肌の色合いから判別できる、北方系あるいは上流階級の日本人でもなく、マレーシア的な特徴が非常に際立った南方系の日本人でもないことは明らかである（上記書・一一〇三頁）。

と記している。

ようするに、日本人が執り行っている仏教儀式ということであるから、ニッポンの仏教儀式なのであろうが、フランス人にとっては、アジア各国における民族の区別など全く出来ていなかったのだと理解されるところである。

しかしそれにしても、挿絵から見るにかなり大がかりなしつらいを整えてフランスに乗り込んでいったことはたしかである。僧侶の足下には、散華の痕さえ確認できる。

フランスのジャポネズリ・箸、盆栽

さて、フランスでのジャポネズリ、すなわち日本趣味への日常用品における興味の一面を朝比奈氏の翻訳から引用させていただこう。

箸である。一八九〇（明治二十三）年五月三十一日の記事に、原題「箸、ある日本人の説明」として、そこには、箸の持ち方の挿絵から始まって、延々と箸の用法が解説されている。それを読んで、どれだけのフランス人が興味を持ったのかは計り知れないところであるが、それでも、箸が記事の一部を占めるということそのものが、驚異といえば驚異ではある。

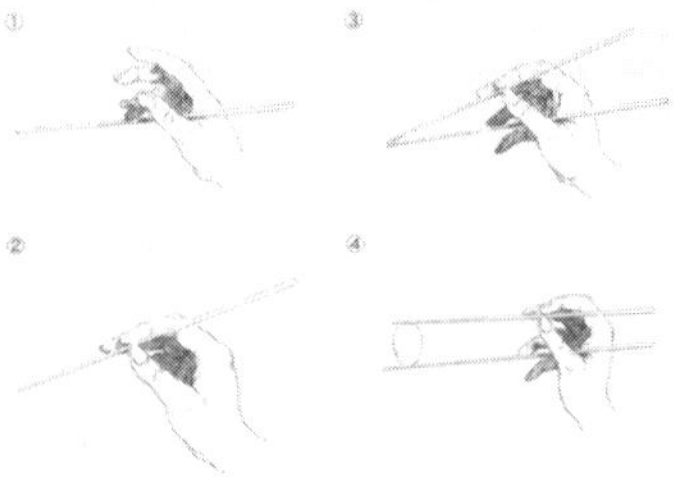

箸の記事の前年、一八八九（明治二十二）年六月八日の記事には「万国博覧会における日本の園芸展」と題して、盆栽についての記事が載る。「まさしく木々のミニチュア、小びとの木々で、高さはせいぜい40ないし60センチだが、均整がとれ調和のよさも完璧」（前掲書・一八二頁）だという。

それらの木々を「ミニチュアにされた樹木」との理解と共に、

一つひとつの鉢に張りつけられたラベルを読んだとき、驚きを通り越して唖然としてしまう。目の前にあるその小さな木は、すでに年老いているのである。七十歳を越しているのだ。だがこれは序の口で、さらに進むと、九十歳の木もあれば、百歳を越えた木もある。百五十歳になるものさえ何本もある（前掲書・一八四頁）。

そして、何よりも、記事の締めくくりには、

この小さく変形した奇妙なものに対する趣味は、われわれを驚かすには足らない。なぜなら、それは建築や美術における日本的傾向について、われわれが承知していることとよく合致し

ているからだ。日本人は大きなもの、壮大なものは理解もしないし求めもしない。彼らの手に落ちると、自然そのものまで、あらゆるものが小さくなり、縮小されるのである（前掲書・一八八頁）。

この記事を書いたのはアンリ・ド・ヴァリニーなる記者であるが、ここに締めくくられた時から一二〇年近く経た現在、日本の盆栽はあらぬところで癒しのアイテムとなっている。当時の記者がそれを予測したか否か。むしろ予測という範囲を大きく逸脱している。アメリカのニューヨーカーたちは、"Japanese Bonzai"と称して小さな鉢に込められた〝宇宙〟を手に入れることで殺伐とした日常からはなれる道具としているのだという。

*"BONZAI"*という書名の雑誌を見たことがある。現在でも刊行されているのか否かは熟知していないが、何が何でも大きいものを讃美する時を経て、全く新たな形で〝ニッポン〟は外国で再編されているのである。

そういえば、外国人が器用に箸を使う姿も映画のワンシーンで多々見られる。

柔道をフランスの国技と勘違いしているフランス人もいる時代だからそれも、まあいいか。

ニッポンってすごいかも・ミカドのミヤコ

フランス使節団による京都訪問の記事をここに紹介しておこう。朝比奈美知子氏による翻訳『フランスから見た幕末維新』一一八頁には、一八六九年五月八日付の記事として「原題：日本ミカドの居住地京都（ミヤコ）の訪問」と題して維新直後の京都訪問の際の様子が記されている。

①この町の主な産業は、絹製品、漆器、そしてとくに紙製品である。紙製品はもっとも興味深いものの一つである。じっさい日本人は紙をさまざまな用途に利用する才能に恵まれている。彼らは紙をポケット用ハンカチ、ガラス窓［障子］にするばかりか、家の屋根に用いることもしばしばある。油を引いた紙は、ごく薄いにもかかわらず完璧に雨に耐えるのだ。

②日本人がどれほど巧みに漆器を作るかはよく知られている。ミヤコはこの漆器製造業が、もっとも高い完成度に達している町の一つとして通っている。最も珍重されている漆器は深紅色に金粉を散らしたものである。職人、あるいはむしろ芸術家たちは、そこに風情ある景色、物語の一連の場面、一群の人物（横顔は決してない）、鳥類といったものを、むやみに手本をなぞったりせず、一気に描く。鳥でとくに描かれるのは、翼を広げて、有名

なフジ・ヤマと思われる山から遠ざかっていく鶴で、この金色の図柄は漆塗り家具の模様の4分の3を占めている。

ニッポンの紙、もう少し丁寧にいえば和紙や漆器への関心が極めて強いことがわかる。その傾向に対して満足させる展示をしたのがヨーロッパおよびアメリカで開催された博覧会である。東京国立文化財研究所編『明治期万国博覧会美術品出品目録』（中央公論美術出版、一九九七年）にはこれらに関するあまたの品々が賞を受けたことが記録に残されている。興味があればご覧になってみることも一興であろう。

世界へニッポンを知らしめる窓口こそがこの時代に盛んに開催された万国博覧会ということになる。その結果、必然的に起こったのがニッポンブームである。現在のCOOL JAPANのもつ日常性の傾向とは若干異なり、芸術の世界がニッポンへ視線を向けたのである。

ジャポネズリー。ジャポニスム。幾つかの表現方法はあるが、ジャポニスム学会編『ジャポニスム入門』（思文閣出版、二〇〇〇年）の序に高階秀爾氏が明確にしてくれているこの用語について引用しておく。

ジャポニスム

もともとはフランス語である。だがそのフランスにおいても、それが一般に通用するようになったのは第二次世界大戦以後のことで、比較的新しい。（中略）エキゾティスムの要素が大きな部分を占めているとしても、それのみにとどまらず、そこにみられる造形原理、新しい素材や技法、その背後にある美学または美意識、さらには生活様式や世界観をも含む広い範囲にわたる日本への関心、および日本からの影響。

ジャポネズリー

かつては「ジャポネズリー」という言い方が好まれた。一九世紀後半、日本趣味が盛んであった時代は特にそうである。事実、「ジャポネズリー」と言えば、一八世紀ロココの時代に中国の風俗、工芸、装飾モティーフなどへの嗜好が「シノワズリー」と呼ばれたように、異国の珍しいものへの関心を特に強調するニュアンスが強い。（中略）「ジャポネズリー」とは、明らかにそれとわかる日本的な主題やモティーフを、その主題やモティーフに対する特別な関心から作品に利用した場合、その利用の仕方や作品そのものを暗示する用語で、つまり日本に対する特別な好みを主要な動機とする。

これをもう少し簡単に高階氏の解説からまとめれば、ジャポネズリーとは異国趣味の一種であり、ジャポニスムとはジャポネズリーをも含んでさらに造形原理、構造様式、価値観を含んだ造形物ということになる。

モネの「ラ・ジャポネーズ」（一八七六年制作　ボストン美術館所蔵）である。[*1] これなどは、高階氏の

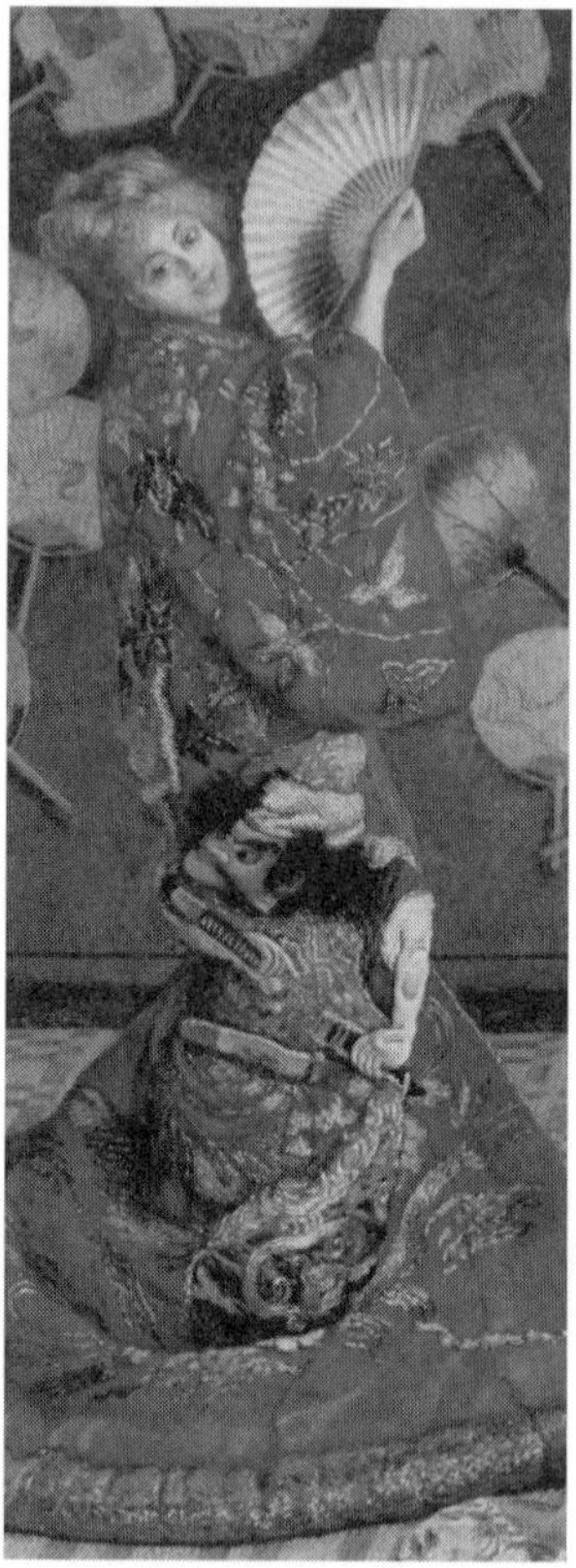

解説ではジャポネズリーの代表作だという。畳の上で打ち掛けに袖を通し、壁面と畳の上には団扇、手には扇とニッポンアイテム満載の一作である。

ニッポンもまだまだすてたもんじゃない。

＊1　『プラチナ　サライ』小学館、二〇〇四年七月二十四日号。

やっぱり、ゆがんでるよ・ポスターのアイテム

ヨーロッパ人がイメージするニッポンおよびアジアは、新聞メディアの挿絵のみならず、大量輸送におけるポスターに端的に表れてくる。

次頁に掲げるのは、作者不詳のペニンシュラ&オリエンタル蒸気船会社の一九一〇（明治四十三）年の国際郵便の宣伝ポスターである。日本と中国からの迅速な郵送が明記されている。この資料は、一九九七年に開かれた「名作ポスターでたどる旅の100年」なる展覧会の図録『行ってみたいなよその国』からの転載である。その解説によれば、

一九一〇年、一月には日本への初国際観光旅団がアメリカから到着し、また英国では五月から一〇月まで日英博覧会が開かれ600万人の入場があった。日本と世界の距離は一気に縮まった

桜に富士山、繭を紡ぐ女性二人。これも当時のニッポンを象徴する画像アイテムであったのだといえよう。

ではもう一枚。これは、一九二〇（大正九）年頃のイギリスのものとのことであるが、パーシ

ー・A・スティネス氏によるカナディアン・パシフィックのポスターである。

　ヨーロッパから日本・中国への一番の近道とのコピーが記される。ところが、である。このポスターの下部に記される文字が無ければ、カナディアン・パシフィックはどこに連れて行ってくれるのか皆目不明の一枚である。

　どこのジャングルなんだ？　そもそも、ニッポンや中国にこのようなジャングルがあるのか。しかも描かれているのはクジャクとキジである。キジはニッポンの紙幣にも描かれるくらいであるからそれはまあ、いいとしよう。しかしインドでもあるまいに、クジャクか！　といいたくなろう。

　それにしても、描かれている人物の国籍はどこなのだろうか。頭には、トルコ人が被るような帽子に、着ている衣装はどこの民族衣装なんだ？　とツッコミを入れるにはあまりあるポスターであることは間違いない。もっている楽器は、シタールかそれとも琴か。わからない。

分からない画像の一枚をもって、カナディアン・パシフィックはそれをニッポンと中国と言い切ってしまっている。これを歪み！　といおうが、誤解！　といおうが、それは許される範囲の発言であろう。

でも、この時代、ヨーロッパから見ればアジア諸国への理解などどこの程度のものであったのだともいえようか。これを碧眼の間違いとも誤解とも言うには何らためらいはないが、むしろ、百年足らず前にはこのような意味不明の情報画像によって、ヨーロッパから見た時には、アジアは十分ヨーロッパ人にとって〝探検〟対象であったと考えた方が楽しそうだ。

そう。大韓民國の女性が誰でも、何時でも、何処でも、チマチョゴリを着ているわけではない。そもそも、ニッポン女性の全員が着物で毎日を過ごしているわけではない。筆者など、大学の卒業式以来着物など袖を通していないまま、タンスの肥やしとなっている。

突き詰めれば、行って、見て、確かめてみなければホンマのことなんてわかりっこないのだ。したがって、多少の歪みは大目に見ておこう。

本当の「和」を知らないニッポン人

私の知り合いに〝オババ〟がいる。といっても、れっきとした京都にある企業の代表取締役社長である。〝オババ〟と記したが、ここででっぷりとした豪傑女性を想起しないでいただきたい。むしろ、大方の人が見たならば、凛とした、おそらく現在では極めて少なくなった大和撫子なのだ、と思う。それを否定はしない。ただ、筆者が〝オババ〟だと思い、心を込めて親愛を込めてかようにお呼びしているだけのことである。

さて、そのオババ、いや彼女の会社は、今、外国人が〝COOL!〟だと理解する衣装を提供して二十年以上が経過する。それが、ニッポン人にウケているというのである。その意味では、〝オババの時代〟なのかもしれない。オババ曰く、

〝私はニッポンの歴史と文化の中で育まれた挙式や人生儀式を、格式をもってご提供したい〟

という。そこに現代的なアレンジメントを施して商品化しているのがオババである。オババの思考の根底にあるのは、ニッポンという国において歴史・文化が育んできた美意識であり、格式であり、型である。

昨今、世に〝品格〟があふれているが、オババは言う。ニッポン人の中からしきたりへの敬意が喪失したことで結局のところ品格どころか〝品位〟そのものがどのようなものであるのかが理解できなくなっているのではないか、と。ホンマモンよりも本物志向で満足できる現実を考えてみれば、この指摘はあまりにも的確すぎる事柄である。ホンマモンは純度100％が必要である。それに対して本物志向は、それを目指しているだけのことであるから、100％でなくともいい。

ヨーロッパ発のブランド品が、ニッポン人に定着して久しい。その善し悪しはまずは措こう。企業としてもニッポン人をターゲットにした販売戦略を練っていることは事実であるわけだから、それを否定しても意味のない話となる。

しかし、ここで一つの疑問を提示してみよう。そもそもブランド品はホンマモンであるのか、である。いつでもコピー商品が新作と同時に出回るほどのことであるから、その真偽のほどは定かではない。むしろ、商品ユーザーに対して、直営店のほうからカタログ持参で〝こんなん出ましたンでまた買うてください〟とやってくる位にならなければホンマモンのユーザーとはいえないのでもあろう。

ブランド品の中で、ＬとＶを組み合わせたロゴを持つ有名な企業があるが、そのＬとＶの間に配置されるデザインの根幹は日本の家紋であることは知っておきたいことである。近代にヨーロッパで開催された博覧会にあたって、日本から出品された品々の梱包に使用された行李（こうり）の上蓋ヨコに入れられていたのが家紋である。それに目を付けたのがフランス人であった。それ

が、ニッポン発フランス人アレンジメントのデザインであることを知らないニッポン人の方が多いのであろう。だが、ニッポン人が気にもしなかった〝ニッポン〟を再発見してきたのはいつの時代でも碧眼であったのかもしれない。

その一端に浮世絵なども位置づけられるのだといえよう。ニッポン人がさほど評価する対象ではなかった浮世絵は外国人の目によってこそ、その真価を明確にされた。あまりにも〝普通〟なことにニッポン人が取り立てて見向きもしてこなかったことが、西洋人の目には瞠目すべきこととして映る。

ゴッホが油絵で描いた萩美術館・浦上記念館所蔵の「名所江戸百景大はしあたけの夕立」（一八五七年制作）は、その三十年後の制作（ヴァン・ゴッホ美術館所蔵）である。[*1]

技法への憧憬がこのような作品を制作するきっかけとなったのだというが、はたして、ニッポン人がこのような奇想天外なことを思いつくだろうか。それは、睡蓮を描き一連の作品を描いたモネしかりである。いかにも暑苦しい浮世絵、といった風情は否めないが、これはこれで楽しめる。

その感覚がぐるっと地球を一回りして、現在、ニッポン人は改めて〝和〟に注目し始めている。*2

左に掲げた写真をご覧頂きたい。一見すると普通のドレスのようにみえる。が、しかし。上半身とリボン部分は総絵羽袋帯で、相良・蘇州刺繍併用の技法を駆使した逸品である。スカート部分はシルクオーガンジー。

総絵羽とは、和服の羽織や振り袖に用いられることがある絵柄の模様が連続した技法であるが、それをドレスという洋装に当てはめたものである。画像提供をうけた株式会社京鐘ではそれをオリジナル商品として〝ＪＡＰＡＮ〟の名称を付している。

〝和〟のテイストを〝洋〟の様式において斬新に表出する。ニッポンにある素材と技法は古くからのものである。それを新しき発想によって、現代に発信する。簡単に言えば、〝古くて新しい〟、である。

現在、欧米でカッコイイ、とされる和のテイストを全体にせよ一部分にせよ、それを使う手法は、突き詰めて言えば地球を一周したようなものである。和を知り尽くしたニッポンから、和魂洋才のドレス、というアイテム。和を完全なる洋として変容させるという発想そのものは、本来欧米のそれである。

ところが、筆者の友人〝オババ〟は、ホンマモンを妥協することなく使い、今日を見通した展望のもとに和を洋というドレスにおいて造形したのである。その視界は、ある種の碧眼的なものであるといってよい。しかしながら、それがニッポン人にウケている、という現実を考えるならば、ニッポン人はニッポンを捨て続けながらも、なお、そこに惹かれるという矛盾を抱えているというのが現実である。

それは無意識の反応であろうが、全部が和であることには、いささかの抵抗があることは否めない。しかも、すべてが和という事態に対しては、自らのセンスと着こなしにおいて、原型となる型とかたちを作り得ない。それほどまでに、すべてが和となると理解しがたく、崩しづらいものとなる。よって、〝部分の和〟をもって自らの日常的な土俵となる洋として展開していくのである。

そこに終始一貫して根を張り続けたのが〝オババ〟である。その継続性たるや脱帽ものである。ニッポン人の価値観が変容し続けた明治以来の一四〇年あまり、この時間の中でニッポンはニッポンの歴史を否定し、文化を捨て去ってきたと言っても過言ではない。

それほど、ニッポンはニッポン人にとって恥ずかしい国なのか。そうではなかろう。ただ、未だに自信がもてない部分があるのだろう。

＊1　『プラチナ　サライ』小学館、二〇〇四年七月二十四日号。
＊2　画像協力：株式会社京鐘 http://www.kyokane.co.jp/dress_catalog/japan/japan_11.html

クールなＮＩＰＰＯＮ

日本をもっと知りたい。日本をもっと楽しみたい。そんな声が聞こえる。国際的な競争力が求められている今、改めて日本のブランドを確立し、その価値を世界に発信していくことは、日本文化の活力を発揮するチャンスにつながる。

明治の時代、欧米をはじめとする外国人が日本を訪れた。彼等の碧眼が見たものは、この国の風土なよって造り出された文化である。厳密にいえば、木と紙と土で造られた工芸品である。木工、陶器、浮世絵。豪華な贈り物から日常の用品、そのいずれもに碧眼は驚き本国に報告したり持ち帰ったりした。

神社や寺院は、〝ＣＯＯＬ　ＪＡＰＡＮ〟の宝庫であった。社殿や仏閣、神具や仏具、その一つひとつがクールなＮＩＰＰＯＮであった。この国の風土と歴史が生みだした文化の〝かたち〟と〝こころ〟に着目し、日本人が長年にわたって培ってきた感性の結晶として、世界に誇る〝一流の日本文化〟を創り上げようという提言が、今こそ必要ではないだろうか。

日本の伝統的なライフ・スタイルやものづくりの精神、様式やデザイン、技術や機能などを現代の生活に活用し、新たな美意識を育てていくこと。それが〝ＣＯＯＬ　ＪＡＰＡＮ〟の提言である。

日本文化のＤＮＡである〝クオリティ〟の土台と〝スタイル〟の展開が、美しい、格好いい、クールな発想をつくり出すであろう。それが、世界が注目する〝ＣＯＯＬ　ＪＡＰＡＮ〟なのである。

ことに、千年を越える帝都であった京都には、明治時代に外国人の眼を惹きつけた様々な〝クールな日本というモノ〟がある。その根幹は、平安京に始まる朝廷の文化とそれ以降の社寺の文化である。四季折々の儀式や年中行事とその格式ある様式や型、作法やしきたりは、時代を経た現代においても形を変えながら受け継がれている。それらを育んできた京都は〝ＣＯＯＬ　ＪＡＰＡＮ〟そのものである。

〝ＣＯＯＬ　ＪＡＰＡＮ〟は、京都の自然と歴史に培われた山紫水明の風景のうちに見いだされる。御所や離宮、神社や寺院をはじめとする建造物や庭園、仏像、絵画、彫刻などの美術・工芸品、あるいは、神道・仏道・茶道・華道・香道・書道や能芸などの精神文化、そして、京の宿、料亭、京菓子・京料理・和装・染織・工芸・醸造・製茶などの生活文化には、日本の文化の真髄が生きている。

ほんものの日本、ほんまものの京都が、日本のブランドを確かなものにする。山紫水明の風土に磨かれ、千年の歴史に洗練された〝クールな京都というモノ〟を通して、〝日本というモノ〟をより深く知りたい。そして、日本をもっと楽しみたい。それが〝ＣＯＯＬ　ＪＡＰＡＮ〟である。

第Ⅳ章

外国への発信

御一新・京都が博覧会場になった

京都は現在でも文書の上では〝都〟である。文書の上とことわりをしたのは、明治天皇による東京遷都の詔が出ていないからに他ならない。しかしながら実質的には、東京遷御は東京遷都である。よって、京都はニッポンの中心から一地方都市へと位置づけられた。それに伴って、京都の手工業者は天皇と共に東京へ移っていかねば経済活動が成り立たなくなったのである。

しかして残ったのは何であったか。

何よりも天皇不在の御所である。その意味するところは重大である。『明治天皇紀』に、「京都御所に於ては東幸留守中につき宮中神事無き」と記されている。御所は宮中祭祀の営まれるべき所である。それが行われない。もはや、京都は都とは呼べない。それが日本の神々の御一新である。

余談ながら、今上天皇・皇后が宮中祭祀に重きをなす反面、病とはいえど、皇太子后が宮中祭祀に出席しないとはよく報道される事柄である。近代の京都を俯瞰することによって、改めて二十一世紀における宮中の将来を見る思いがしてならない。

それでも、居残り京都人にとって天皇さんの東京遷御は一時のお遷りであって、明治の御一新となっても京都は日本の中心、という意識のみが残った。さすがに京都。公家文化の地。あからさまに声高に叫ぶことはない。
昼時近くに〝ブブ漬けでもいかがです〟といいながら〝早う帰れ！〟を意味する土地柄である。日本の中心意識は堅固に二十一世紀の現在でも残っている。

“Would you eat lunch? ＝ Please leave it quickly!”

これはなかなか外国人には理解しがたい。同じニッポン国内であっても、他府県人にもとうてい理解できるところではない。直接的に言葉にしないことが奥ゆかしい、というのが京都の言語文化の神髄である。その評価をしようというのではない。千二百年にもわたって培ってきた型を京都人が捨てるわけがない。

だが、その京都で、一大決心をしてどこかの政党の党首ばりに〝かわらなきゃ！〟と大いに転換しようとした時期があった。それが明治初年である。

京都博覧協会編纂『京都博覧会沿革誌』冒頭に記される京都博覧会創設の趣旨には、京都は一千有余年の帝都でありその中で、この地は学術や技芸の原泉となってきた。しかも千職万工ここから流れ出て全国の羨望するところである。

しかしながら、明治維新の激変に遭遇し、結果、天皇は東京に遷御するに至り、花の都は衰色を示し黍離の状態となっている。そこで、三井八郎右衛門・小野善助・熊谷久右衛門の三氏が会主となって欧米の文華煥発の例にならって博覧会を開催し、知識・材芸を啓発する導線を造形し、都の衰色を復活させるきっかけとしよう、という趣旨である。

ここに記される「黍離《しょり》」とは、あまり聞き慣れない見慣れない言葉であるが、この語には出典がある。『詩経』王風の一篇「黍離」がそれである。かつての宮殿の跡地が黍（もちきび）畑となって荒れ果てた古都を嘆いた詩である。滅亡した国都の荒廃した光景と権勢の栄枯盛衰と遙かなる蒼天とが対比的に描写されている。それをここで使うほどに京都は天皇の東遷後荒廃した状態にあったか。

「かわらなきゃ！」の前に、京都は黍畑にならないまでも変わってしまっていたのである。

大寺院が博覧会場とは

明治の王政復古は、京都の一大勢力であった仏教界に大きな衝撃を与えた。「上知令」によって境内地の多くが府に移管された。寺院は存立基盤を失い、廃寺も続出した。その跡地を利用して京都の近代化事業が進められた。

その変わり果てた京都を博覧会都市にしようと試みる。考えてみれば、かつての文華の中心。至る所のお蔵に珍しいモノは格納されている。しかも、見せる場所に事欠く場所ではない。どこでも会場候補地にはなりうる。それが京都である。

前代の象徴の一つ大寺院が近代の象徴の博覧会場となる。京都の大転換である。

かくしてその創設京都博覧会となった一八七一（明治四）年は、

会　場―本派本願寺（西本願寺）庁堂
期　間―10月10日～11月11日（開期33日間）
時　間―午前8時開場―午後4時閉門
料　金―通常券・金1朱・特別熟覧・金1朱
入場者―11、211人（特別熟覧・244人）

収益額―731両3朱（明治元年慶応義塾の授業料月2分・教師の給料4両）[*1]
経　費―464両2分2朱
差引総額―266両2分1朱
出　品―内国製・166、清国（中国）製・131、泰西（西洋諸国）製・39　合計336点

創設の開催としてみれば、そこそこの収益があったことは認められるところである。ところが、その出品陳列品を評して、ことごとく皆、古物にとどまっており、さながら骨董会のようであったと記されてもいる。

よって、この栄えある明治四年開催の京都博覧会は創設の名を冠することによって、京都博覧会開催の回数外に置かれてしまうことになった。

しかしながら、『京都博覧会沿革誌』には、骨董会のようだといいながらも、実に全国博覧会たるものの魁首であると記される。ようするに、〝やっぱりニッポンの中心は京都！〟との意識を新たにしているのである。

実際のところ、どのような出品内容であったかは、京都府立総合資料館蔵『博覧会目録』（一八七一（明治四）年）に詳細に記述されている。後に京都府知事となる植村正直が格調高い序文を寄せた、見開きにして三十九葉の目録である。

目録項目は出品国（皇国部・西洋部・支那部）で分類される。ただひたすら、出品された品々とそ

の所蔵者が列記されているだけであるため、ここに詳細を記すことはやめておく。

ただ、刀剣や甲冑というのは予想されるところであろうが、典薬寮、今でいえば厚生労働省のような役所の銅印や、空海の金泥書、その他歴史上の著名な人物、織田信長・北条時頼・加藤清正らの書簡が並んでいる点は、京都ならではの所蔵品出品であろう。

フランス人のシュリー・ドイツ人のレイマンによる出品も目を引くところである。際立って珍しいといえば日本人村上某氏所蔵の「駝鳥卵」がある。見てみたいものの一つである。

＊1　参考 H.P:http://homepage3.nifty.com/~sirakawa/Coin/J022.htm

都の文物はホンマモン

一八七二（明治五）年。京都は府あげて大々的に博覧会へと突入していく。

平安京以来、千年の都には、御所をはじめ、公卿・武家、さらに寺院などにはわが国の代表的な文物が山積している。それが博覧会の陳列物の中心となる。その多くは、一般人にとっては初めて目にするものである。とりわけ、寺院の文化財を観光資源にするのは近代の明治政府の政策に始まる。前年の創設博覧会が「古器の蒐集」にとどまり、極めて短い期間での開催からもっと徹底して国民の知己を広めて材芸を推進させようと京都博覧会社を設立する。京都府知事長谷信篤はこの事業が有益なものと判断し、最大限の保護を付与する。

京都博覧会御用掛として役人十五名、京都市民三十四名（重複含）、茶道千家、藪内家四名という布陣である。その組織立ては、会主三名・大年寄五名（重複含）・同助勤七名・御用掛四名・物産引立御用掛十五名・補助出勤四名というものである。会主は、創設京都博覧会を実施した三井八郎右衛門・小野善助・熊谷久右衛門である。

このうち、補助出勤の名誉職茶道界からの四名を除く三十四名によって京都博覧会社を組織する。彼らはいわゆる株主である。これをみても、どれだけ必死になって京都復興を考えねばならなかったかが理解されるところである。

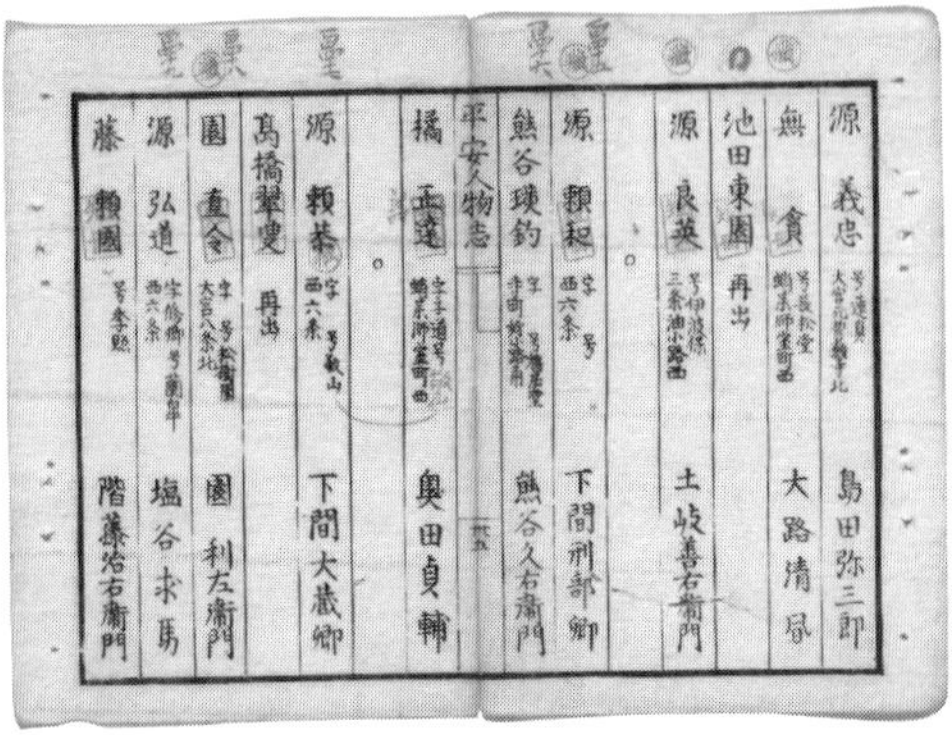

ところで、この会主の一人熊谷久右衛門氏、実のところ京都・鳩居堂七代目主直孝氏である。『平安人物志』慶応三年の記録には上に掲げるような記載が残っている[*1]。

この熊谷氏、京都では功なり名を遂げた人物の一人である。やがて、宮中御用のため東京銀座に出店するが、少なくともこの時期、黍畑の京都を何とか再興するためにと立ち上がる。

しかも、府知事もド真剣である。「人民を促して出品を奨励」する布達を創設京都博覧会閉幕後の十二月に山城国内漏れることなく発する。

その内容は、本文そのものが格調高い文面であるため直接引用する方が適切であるが、幾点かを整理しておくことにしよう。そもそも、博覧会なるものは諸外国に始まる催しものであるが、それがそのようなものであり、何を見せるのかを説くことから始まる。

① 趣旨は人の知識を開くものである。

② 天地にある万有のものすなわち草木金鉄砂石鳥獣虫魚の類。

③ 人工の織物・塗物・彫物・染物・組物・糸類・金物・鋳物・陶器。
④ その他奇品妙品。
⑤ 各職業の裨益・学術の進歩をなすこと。

「裨益（ひえき）」とは英語にいう"enefit"、すなわち役立つという意味の語であるが、現在では見ることはおろか聞くことすらない漢字である。ラテン語で「恩恵」を意味する"beneficium"であるが、博覧会たるはこの「裨益」に集約される催し物、ある種の技術革新と技能披露を併せた見本市と理解してよい。よって、諸人の知識発明、職業役立つものがすなわち博覧会なのだと力説する布達文面である。以上の意を汲んで、

① 名物奇器妙品の類を所持するものはその名を記して勧業場または、京都市内の各組の小学校などに申し出ること。
② 売り物とできるものは値段を付けて提出すること。
③ 新発明の物品であり世の人が便利であると思える品物については専売利得の免許を願い出ること。その場合には、褒美を出すこともある。
④ 工夫して新発明品を造るとともに、もとより所持する物品も出すこと。
⑤ それによって互いに知識を開くこと。

半ば強引な手法でもあるが、そうすることで勧業を推進させるとともに伝統の展観をはかったのである。京都府下へのお達しと同時に、さらに京都府は正院[*2]へも外国人入京を一八七一（明治四）年十二月二十三日付で申請する。

つまりは、外国人に「ホンマモンのニッポン」と「ニッポンの最先端」を見聞してもらうためである。当時、諸外国との条約条文によって、居留外国人は開港地・開市場地より十里、すなわち約40km以上は勝手に遊歩することは許されていなかった。そのため提出された許可申請である。その内容も強引なものである。

①現在、京都が開港地でもなければ開市場地でもないことは大いなる不便である。

②博覧会を実施することの目的の一つは広く外国人に京都を見て貰うことにある。

③しかしながら京都は開港地や開市場地から十里（40km）以上の場所にあるゆえ、外国人遊歩規定を改めるか、もしくは別途旅行規定を設けてもらわねば外国人は一歩も京都に入京できない（十里規定・日米修好通商条約第七条アメリカ人遊歩規定による）。

④よってここに京都府は正院に対して特別に外国人入京のために許可を申請する。

付帯・京都府では、博覧会社を設立し来春（一八七二年）から夏に至るまで博覧会を開催する所存であるが、前述の内容は京都市民の心を開化発明するための催しであり、願わくは、海外の器物などを本博覧会に出品され、開催期間中、外国人にも入京を許されるならば、当局より外国人へその旨を知らせていただきたい。

これをみると、条約条文の規制によって神戸・大阪からすると京都が四十㎞以上離れているゆえに、外国人が入京できないのであるからその規定を改めることを迫っている。それほどまでになぜ外国人を入京させたかったかが問題である。

それはひとえに、平安京以来の盛時に復活させることと、その時間の中で造形し継承し続けてきた「文華のニッポン」を京都においてこそみてもらうことであったに違いない。京都博覧会への出品を含め、全ての「文華」の中心は京都にあり、を主張しそれを具現化するには、博覧会開催こそが恰好の方法であったのだといえる。

この許可申請を受け、外務省は各国公使と領事宛に、一八七二（明治五）年二月三日付で、[*3]

①三月十日から五十日間京都で博覧会を開催

②その期間は別途外国人の入京を許可

③外国人所蔵の器物などを出品したい場合には博覧会社より手続きについて応談

④この旨を貴国民へ布告のこと

⑤京都では開港開市場地ほどに外国人接待に慣れてはいない

⑥粗暴な振る舞いをすることのないよう注意のこと

⑦　酔狂な暴行があった場合には市中の取り締まり役が差し押さえることがある
⑧　下賤の平民や水夫などはとかく軽率な挙動もありがちなため致し方のない措置
⑨　入京希望者は貴国領事によって許可するか否かを考慮のこと
⑩　別紙入京規則書ならびに開場期間・展示品目などの印刷物十五部を進呈
⑪　規則書ならびに印鑑は京都府より大阪・兵庫両地の領事館に配置

結果、この会期は、五月末日までの80日間であった。マイケル・アンダーソン監督・主演デビッド・ニーブン、カンティンフラスの『80日間世界一周“AROUND THE WORLD in 80 DAYS”』という映画があるが、映画と異なり開催期間は80日間であるが、実際に外国人が入京できたのは約三分の二の五十日間である。

さしずめ「五十日間京都市及びその周辺一周」ということころであろうか。右に掲げる項目をみても今では想像の域を超えている事態である。

そこまでしても、外国人を京都へ、という願いは達成させねばならない事柄であった。しかも、次稿で記すが、四条文の規則を付帯しての入京である。二十一世紀の現在、もしも、ここまで雁字搦めになりながら〝おこしやす〟といわれても〝もう結構です〟と断りたくなるほど面倒な手続きを必要としていた明治初年の入京である。

それでも、この年、七百七十名の外国人が訪れている。本願寺のみの統計でいえば、

イギリス・125人／フランス・17人／アメリカ・66人／ドイツ・13人／プロシャ・10人
オランダ・9人／イタリア・3人／スイス・10人／中国・10人／インド・1人

という集計であった。

お疲れ様でした、としかいいようのない入京である。

＊1 日本文化研究センターデータベース
http://tois.nichibun.ac.jp/hsis/heian-jinButsushi/Heian/b_img/893.jpg

＊2 一八七一（明治四）年九月十三日に太政官は、正院（三条実美）左院（島津久光）右院（岩倉具視）に分離分割されそのもとに八省が置かれる。太政官職制には「天皇陛下ヲ輔弼シ万機ヲ統理スル事ヲ掌ル」とあり、補弼（ほひつ）とは天皇の補佐機関である。その任務は行政機関の管理監督である。

＊3 時の外務卿は副島種臣である。

天皇の都に外国人

ありとあらゆる方策をとりながら、外国人を入京させようとする京都府行政であるが、その極みは一八七二（明治五）年二月に出された「外国人入京規則」と称する四箇条からなるきまり事である。その第一条文は、

一　京都博覧会開催期間は三月十日から五十日間であるが、この期間は外国人が入京し京都を遊覧することを許可する。ただし、京都に来たいならば以下の三項目の条文の規則に従わねばならない。

原文は、前述したように極めて格調高き文体であるが、現代語に翻訳すれば上記のような、上から目線での内容となっている。さてではその三条文とはどのような内容か。

一　大阪・兵庫の両所にある領事へ入京切手（切符）を渡し、領事から国名・人名を記載して貰ったら博覧会社の公印を押し配達する。ただし、入京中はところどころで検査することもあるのでそのときには所持する切手を提示すること。その検査を拒んだ者、あるい

は切手を所持していない者は通行を許可しない。

一　滞京中に遊歩する場合には、京都府管轄外に出ることはこれを禁ずる。府内および入京途中において遊猟発砲は一切これを禁ずる。加えて、都において立ち入り禁止の場所に入ってはいけない。

ただし、琵琶湖は京都府の管轄外ではあるが、遊覧することを許可する。その範囲は、東は彦根、南は草津駅、北は堅田までとする。

一　博覧会に所有する逸品を出展する者は、自国の領事を通じて大坂兵庫の官庁へ申し出てその指示をうけるように。出展者は、開場一週間前から入京し、閉場後は一週間滞京することを許可する。

立ち入り禁止区域や、むやみやたらと外国人が出歩くことを禁ずるのは理解できるところである。なぜならば、まずは外国人への対応に慣れていないという事態が予測されるからである。それにしても、府内と入京途中での遊猟発砲を禁ずるとは厳重にも厳重を期してのことである。[*1] それほどまでに外国人は鉄砲を放ちまくっていたわけでもなかろうが、ニッポンではニッポンのしきたりを守ってもらい、ややこしいことを極力避ける手段であったのだろう。かくして、日本の中の日本たる京都は、博覧会に外国人を入れるのであった。

＊1　日米和親条約（通称・神奈川条約一八五四年締結）の付録十三ヶ条の議定書の第十ヶ条には「鳥獣の遊猟はすべて日本では禁じられているためアメリカ人もこの制度に従うこと」とある。

不思議の国・ニッポンで碧眼が見たもの

博覧会会場の確保と告知方法。

まず、会場確保、これは京都では容易に可能であった。一八七一(明治四)年の創設博覧会では、本派本願寺、ようするに現在の堀川七条・西本願寺一カ所で実施する。

ところが、第一回京都博覧会では本願寺・知恩院・建仁寺の三ヶ寺がその会場とされた。ここで、会場となった三カ所がすべて寺院であることは重要であろう。明治の宗教政策によった寺院は、それまでの地位を失って大混乱に陥った。各本山は、諸国の末寺から廃寺や合寺などの知らせが頻々としてあり、今にも、廃仏毀釈の令が発せられると恐れていた。そのため政府の歓心を得ようとしていた。その一つが博覧会場の提供である。

とにかく、会場となりうる場所が確保できることに加えて、それぞれの場所が建築物・庭園という付加価値がついている。それ以外の寺院にこの要素が無かったわけではない。

しかし現在のように観光化された環境をイメージすることは適切ではなかろう。会主以下、個々の伝手の中で三カ所が会場となったと考えることが一番合理的であろうか。あるいは、信徒をもつ本願寺・末寺をもつ知恩院・禅宗の道場建仁寺という基礎的・組織的なシステムを有する寺院であったことによる選択か、または宿坊の有無か詳らかではない。

会場選択の事由はいずれにしろ、その旨が内外国人に告知される。しかも広く告知する方法として、

管内11カ所
堺町御門前・中立売御門前・清和院御門前・三条橋詰・四条橋詰・五条橋詰・八坂石段下・北野鳥居前・本願寺門前・東本願寺門前・伏見京橋詰
管外10カ所
東京日本橋・横浜・神戸・大津札の辻・大津石場・大津小舟入・大阪八軒屋・大阪高麗橋・大阪川口・大阪日本橋

大々的な告知であることは、大坂・兵庫のみならず東京・横浜へも標板を立てたことにおいても理解されるところであろう。

しかも、〝おこしやす〟というにとどまらず、外国人に対して売り物・売らざる物どちらであっても出品を促している。売らない出品物は閉会後薄謝と共に返却するのだという。また、外国人からの出品の際には、その出品について原書による説明とその和訳とを添えることと決められていた。

そして目論見とは。日本のみならず外国からの出品を受けることで、この博覧会を盛大にさせ

ようという意図があるのだと明記する。それほどまでにして、長く日本の都であった〝ニッポニアニッポン・京都〟を強調しようとするのである。

ここからは、単に切羽詰まった京都の再興というにとどまらず、〝古くて新しいニッポン〟を知らしめようとする企図さえ見え隠れしている。「博覧会稟告」の冒頭、「博覧会とは人の知識を開くことであり、国の富強をたすけるもの」と記していることに京都の新・ニッポンへの気迫さえ感ずる。

明治の京都・外国人は簡単には泊れない

外国人を入京させたはいいが、はたして外国人が日本でビジネスは出来ても日本文化の理解は出来るのか。諸外国の有名な観光地で日本人が隊列を組んで見ている風景は珍しくはない。その日本人が当該地でその文化造形の何を理解しているのかははなはだ疑わしい。むしろ、「行って・見た」行為そのものに意味があるようにも思える。

この時期に入京した外国人も、あるいは外国による出品の数々を見た日本人もそのようなものであったか。いずれにしても、会場となった寺院は仏と信徒のものではなくなった。大勢の見物人が群れをなして歩きまわる建物にすぎない。

その人波のなかに初めて京都に来た外国人たちが居た。京都府は、特に、政府に願い出て、外国人の宿泊の許可を得た。京都の寺院は、すでに、参拝者の物見遊山に宿を供していた。現在の観光地京都が大寺院の拝観者を中心とするのと同じである。

さて、博覧会の際に京都は外国人をどのように宿泊と食事において対応したのか。

まずは手続きから。博覧会社から神戸東本町・為替会社、大阪川口・船上り場の両所に出張し入京客があると国名・氏名・入京期日の確認を行い、そこから京都への報告が入ると宿主が客を待ち受ける、という面倒なシステムとなっている。

また、上記箇所には目印となるホラフ（フラッグ）が立てられた。フラッグが立てられたのは、伏見京橋・亀甲屋善九郎、淀小橋北詰・宇野伊策、向日町大鳥居前・津国屋平左衛門方の旅館案内にも同様の措置がなされている。ここから京都市内の旅館に案内する。

さて、京都の旅館側はといえば、知恩院内にホラフ（フラッグ）が立てられる。

このような極めて面倒にして回りくどいシステムではあるが、博覧会社の言い分としては、

博覧会開催中に外国人が入京してくることにあたり、きちんとした旅舎（宿屋）の設備がなければ、外国から信頼を失う可能性もあり、それを避けるためには海外からの入京客の投宿手続きのシステム化をはかり、全てに渡って遺漏のないようにしておく必要がある。

という立場をとった結果である。

それほどまでに、開港地・開市場地以外に外国人が往来することは困難であった時代である。奈良・平城京の時代、外国人使節の目を意識して五位以上および富裕者の邸宅を、屋根瓦は緑、柱は朱、壁は白漆喰にせよとの命が出されるが、明治のこの時代、外国人の宿泊が可能であることを誇示することこそ、近代化されている新生・京都を内外に表明する一つの方法であった。いかに面倒な手続きを求めようとも、外国人に粗相の無いようにとの最大限の〝おこしやす〟ホスピタリティと、つまらないことでニッポン・京都の信用と信頼を失いたくない京都人の誇りであったか。

お寺は外国人を待っている

かくして、入京した外国人。すでに、博覧会社からは、次のようなことを伝えられている

① 宿泊料は上・中・下の三段階に分かれていること
② 客と宿主とは契約を結ぶこと
③ 元来京都では外国人宿泊には不慣れな宿主である故に不手際を恐れていること
④ 諸事万端にわたって客にたずね正直にことを運ぶよう宿主には伝えてあること
⑤ もしも不行き届きな点があれば厳しく指摘して構わないこと

原文は漢語文体であるため、もっと厳しい印象を与える内容となっている。現代語訳しても、あまりその印象をぬぐうことは出来ないが。

『京都博覧会沿革誌　上巻』に記される宿主は辻重三郎。宿泊取扱所は一八七二（明治五）年三月一日をもって建仁寺の中に、烏丸御池にあった旧通商司用邸から移管される。

外国人客のために、さらに設けられたのは大雲院の応接所であり、ここから知恩院山内の旅舎、すなわち旅館に案内するというものであった。

現在よりもはるかに細かな手続きが必要ではあった。その旅舎も宿泊客によって分かれている。

公使貴族旅宿　知恩院塔中5カ所
外客相対宿　知恩院内・円山・下河原19カ所

知恩院内・円山・下河原の三カ所はもともと宿坊や料理旅館の多い場所であり、現在でも、祇園・下河原の八坂神社南石塀小路界隈はその風景を残している。

明治の初年、京都が博覧会を開催し外国人を受け入れるという環境は、地方行政府としての京都府にとって、その威信をかけたものであったに違いない。現在でいえば、オリンピックやサッカーワールドカップ誘致に匹敵するフェスティバルであったといえようか。それにしても、西洋でいうカソリック教会でのホスピタリティを根幹にしたもてなしと同様に知恩院という仏教寺院でのそれが、心地よく受け止められたのか否か、あらたな疑問も生まれてくる。

ここで、この第一回京都博覧会を見たチャールズ・アップルトン・ロングフェローの記した文面を紹介しておこう。[*1] ロングフェローは、一八七一（明治四）年に日本にやってきたアメリカの詩人ヘンリー・ウォッズワース・ロングフェローの長男である。日本滞在中に当時の外国人がしたごとく、北海道から九州までを旅している。挙げ句の果てに、親しくした日本人女性がいるかと思えば、日本滞在中に彫り物まで入れているという、愛すべきアメリカ野郎である（卑俗な表現はご海容いただきたい）。

ロングフェローの次の記述は妹アリスに当てた手紙である。彼は「知恩院ホテルの大きい看板に、迎えられて京都に到着した。でもいわゆるホテルを想像してはいけないよ、君たちが見たこともないような所なのだから」と書き始める。そして、

日本政府は東山の麓にある知恩院の敷地内の建物をこの度外国人訪問客に特別に割り当てている。僧侶の住居やかつて大名の使節の宿坊であった建物が宿舎に当てられているのだ。こぢんまりとしたきれいな建物で、木立に囲まれた庭が付いている。生活は和洋折衷、泊まり客は一番大きい建物の大広間に集まって一緒に食事をとる。これがホテルの本館ともいうべき建物で、大坂で西洋式ホテルを経営する日本人自由亭が経営している。この建物にはバーもあり、テーブルには新聞が並べられ、一ダース余ある小さいテーブルで食事をしながら、目の前に小さい池と庭を眺めることができる。暖かい陽気のため家の片側がすっかり外に向かって開いているのだ。ここでは飲食に関して全く不自由はない。一日の観光を終えて各方面から戻ってきた外国人観光客の話を聞いていると、まるでカンバーランドの湖（ケンタッキー州にある湖）か近辺の水辺の保養地にいるような気分だ。

と記している。幾分長いが、ロングフェローの文面を引用した。なぜならば、彼は、七百七十人

の外国人の一人であるからである。その生の声の一つとして。ただし、ロングフェローは勘違いしている点がある。それは、大阪で当時、西洋式ホテルとして『日本案内記』（B・H・チェンバレンらによる編集・マーレー出版）に唯一掲載される自由亭の経営者草野丈吉が京都博覧会に際してここを運営していたのではない。

前述した辻重三郎とは、中村楼の主である。ここは、『日本案内記』の初版（一八八一（明治十四）年）以来掲載されているとのことであるが、一九〇三（明治三十六）年第7版でも、［*Japanese Inns*］の筆頭に"**semi-Europe**"と記され祇園の［**Nakamura-ro**］が掲載されている。[*2] 中村楼の主・辻重三郎氏、器さえも西洋食器で食事の対応をしている。

このロングフェローの記述からすると、"異国情緒"という点では仏教寺院内においておこなわれたもてなしは、まずまずといったところであったろうか。

＊1　チャールズ・A・ロングフェロー著・山田久美子訳『ロングフェロー日本滞在記』平凡社、二〇〇四年、一七〇頁。

＊2　Basil Hall CHAMBERLAIN & W.B.MASON "*HANDBOOK FOR TRAVELLERS IN JAPAN*"（LONDON:JOHN MURRAY）管見の文献が第7版であったためこのように記した。

付記『THE JAPAN WEEKLY MAIL』（一八七二年五月四日付）には、「京都博覧会」についての記述が詳細に掲載されている。

寺院の宿舎で供された豚のビーフステーキ!?

さて、宿に着いた外国人。一体何を食事として饗されたのか。宿賃に食事代は含まれている。少々長いが、ここに『京都博覧会沿革誌』から全貌を引用しておきたい。ただし、原文のママの表記をしてあることはお断りしておく。

上献立

朝　コーヒー　棒砂糖　乳　パン

昼　パン　サカナ　鶏卵　羊のビーフステーキ　兎のシチェーソ　唐芋　精物二色
　　菓子三色　菓物二色　コーヒー　棒砂糖

夕　パン　ソップ　サカナ　鶏のチョプ　魚のサラッド　豚のローストビーフミー
　　精物二色　菓子三色　菓物二色　コーヒー　棒砂糖

中献立

朝　コーヒー　棒砂糖　乳　パン

昼　パン　サカナ　鶏卵　鶏のストウ煮　豚のビイフスーテキ　唐芋　精物二色　菓子三色
　　菓物二色　コーヒー　棒砂糖

夕　パン　ソップ　サカナ　トリ　牛のローストビイフ　唐芋　精物二色　菓子二色　菓物二色

コーヒー　棒砂糖

下献立

朝　南京チャ　パン　棒砂糖　乳

昼　パン　ソップ　サカナ　鶏卵　牛のヒシテキ　精物二色　菓子一色　菓物二色　南京チャ

棒砂糖

夕　パン　ソップ　サカナ　牛のローストビーフ　精物二色　菓子一色　菓物二色　南京チャ

棒砂糖

このほか、別途料金の上で、

上中シャンベエーン

上中ブドウ酒

上中フランテン

上中リキュール酒

上中ビール

シュリー

白ブドウ酒
チェリー
ジン
コンミル

が飲めたのである。

何とも言い難いメニュー一覧であるが、それぞれの好みにしたがって対応することが記されているから、困ることはなかったのであろう。が、しかし、羊や豚のビーフステーキやローストビーフというのはいかがな味がしたものか。

この賄いは、上・金四円、中・金三円、下・金二円であったという。今ではお目にかかれないようなメニューもあるが、当時の外国人は、若干の偽りには目をつぶって食してくれたのであろうか。そもそも肉食厳禁の寺院内で、外国への対応とはいえど豚であれ鶏であれメニューに堂々と記しているところは、新たな時代を迎えた日本の一面として理解してよいだろう。

魅せます京都・お寺はミュージアム

宿泊所の若干の偽りは、想定される範囲内の事柄として、ではいったい、この京都博覧会とは何を見せたのか。京都最初のミュージアムとなった本願寺・建仁寺・知恩院では、種々の文物が並べられた。それぞれの展観品を掲げてみたい。

本願寺（対面所・白書院・黒書院）

穀類・種物・菓物・薬品・煙草・砂糖・植物・水晶玉石・鉱石・化石・石炭・石灰・瓦・新古書画・手玩（おもちゃ）・毛植細工・硝子細工・扇・団扇・提灯・貝類・錦絵・人形・生蝋・油類

建仁寺（方丈）

茶・酒・菓子類・銅器・銭貨・銭・漆器・漆器蒔絵・陶器・楽器・金銀細工・錫鉄細工・象牙細工・竹細工・鼈甲細工・鉄葉細工・彫刻物・弓矢・馬具・諸器械類・鳥魚類

知恩院（大方丈・小方丈）

生糸・染糸・西陣織物・絹布類・麻・麻布類・綿類・綿布類・武具衣冠諸衣類・甲冑・刀剣類・紙類・皮革類・干魚類・干貝類・寒天・海草類・炭・酌斗・科尺類・化粧具・簪類

ここに掲げてある品目だけを一覧する限りでは、とりたてて見たい、ふれたいという感情は起こらない。が、『京都博覧会沿革誌』には、当初午前八時から午後二時までとしていた開館時間を博覧会第二日目より午後四時までと八時間開場としている。現代からすれば、逆にどんなもんゾ？と興味深々となる展示品ではある。それと同様の入場者の気持ちであったのか。時間延長する程度には盛況であったのだろう。

第一回京都博覧会では、鉄道寮・造幣寮の二寮・大阪府・勧業課・舎密課[*1]・九七寺・イギリス・フランス・プロシアの六外国人、そのほかによる合計二四八五点が出品され、三会場での展示入れ替えも行われたのだという。

特にこの開催で目を引くのは、来観者への便宜として、会場であった建仁寺表門の東を安井神社に向かって八坂神社方面へ通り抜ける捷路、すなわち近道を造成している。つまりは、建仁寺から祇園新地へ出る新道を通し、この時期のみならず、将来にわたっての道路造成を行うのである。これも小さなインフラストラクチャといえるものであろう。大々的な道路や鉄道のインフラはやがて開かれることになる第四回内国勧業博覧会を待たねばならなかったが、将来を見据えた道路造成の発想は小路のはしる京都ならではの発想であろう。

付け加えておけば、京都府は、教育の普及のため生徒が見聞を広め、学業を進められるようにと引率教員を含めて無償で会場に入れている。しかもこれは恒例であったという。

＊1　chemie（オランダ語）幕末から明治にかけて化学を指して「セイミ」といったが、それを漢字で記す時「舎密」と記した。

お寺はアトラクションで大騒ぎ

展示物だけで第一回京都博覧会を楽しめたのか。応えは否である。本書では、京都博覧会を当時のフェスティバルであったと記したが、フェスティバルに相応しいか否かは別にして、アトラクションを幾つか開催している。それは、『博覧会沿革誌』で「耳目の娯楽として遊玩嬉戯」を提供する催し物であった。

ようするに、来観者が楽しめることを目的とした催しである。それは「附博覧」という正式名称を当てられた全部で五つの「観覧遊戯」であった。

◉知恩院山門の上での売茶

これは、一人につき一朱で通行券を購入してもらい、茶菓の饗応をするというものである。その茶席のきれいさは清楚にして塵一つ無いものだという。しかも、京都ならではであろうが茶具はいうに及ばず文具までも陳列してその並びには、盆栽・茶瓶・香・几・書・帙があった。そこは、仙境のごとき風光であったのだと記される。

また篆刻などの店も開かれていた。知恩院山内の茶所と建仁寺中正伝院両所で抹茶の販売もしていた。この茶所は会期中すこぶる好評であり、開場して第二日には、国内国外併せて二百七十一人が入場し、十六両三分三朱の売り上げが確認されている。

◉都踊り創設

今では、京都に春の訪れを告げる代名詞ともなっている都踊りであるが、第一回京都博覧会における余興として創始された日本舞踊版レビューである。もとは御所舞であった京舞を三世井上八千代によって広く博覧会来観者にみせたものが現在まで続いている。

さて、三月十三日から博覧会開場中興行したとされるこの鴨東花街の歌舞について、『京都博覧会沿革誌』には、

①一種の妙技であること
②舞の姿形・音曲の節奏は艶麗にして娟妍巧みであり緻精はたぐいまれである
③外からの客がこれを見聞すれば観た人は恍惚として仙境に入ったようであろう

ここまで褒めますか！といえそうなほどの褒めちぎり方であるが、営々とお稽古を重ねてきた舞妓・芸妓による総踊りは圧巻であったであろうことは想像に難くない。

その会場は、祇園新地新橋松の屋とし、昼五時開始、夜十二時終了。この時間の中で五回に分けて舞台を構成した。時に、舞姫たち二百二十四人を七組にチームを組み一組三十二名。囃子方百四十人を同様に七組にチームを組み一組二十名。お三味線十一名を上段、鼓四名中段中央、笛二名中段左、太鼓三名中段右、大太鼓一名同列に配置。

これだけでも壮大な舞台である。この和楽器フルオーケストラが一斉に相和し、そこに左右から十六名の舞姫が揃いの衣装に揃いの採り物によって舞台を務めるのである。この都踊りが国内国外併せて一番の讃辞を受けたというが、それも誇張でもないだろう。

翌、一八七三（明治六）年からは、八坂新地の歌舞練場に舞台を移し、現在にまで至っているのである。記録には「京都名物の一つと誇称する」に至ったという。

◉東山名所踊り

八坂下河原近辺を中心にして、「東山妓」通称「山根子」の技芸を見せている。それは、祇園新地に勝るとも劣らぬものであったのだという。このあたりの芸妓たちは三月二十日から安井門前平野屋の席において「東山名所踊」を興行する。その舞台装置や舞は都踊りに類するものであり、賑わいは都踊りに拮抗するものであったのだという。

このほかに、宮川町・巽新地各花街で同じように日本舞踊を興行している。その内容はほぼ同様にして、興行の長短のみがその差異であった。

この『京都博覧会沿革誌』の記述を都踊りの祇園甲部歌舞会がどのように見るのかは定かではないが、おそらく京都人のこと、本音よりも先に先様を褒めるのであろう。要するに〝ブブ漬けでもどうどす〟の世界である。

◉鴨川花火

松上藤四郎そのほか数名が、四月一日に下鴨河原で昼夜続きで花火を上げている。記録には観客が四方よりやってきてその数何万人となったのか把握さえできない状態であったのだという。鴨川の両岸は桟敷席となり流れに沿った約四キロほどは多くの見物客に占領された。とりわけ夜間の花火の打ち上げは、その輝きが天に輝き、その光景は未曾有の壮観の眺めであったと伝えられた。夜間打ち上げの八時九時台には細工物の花火であった。

ところが、このような未曾有の壮観の眺めは、洋の東西、時代の今昔を問わずたちまちにしてビジネスへと変容する。つまりは、一瞬にして消え去る花火の光景を書画にして売る輩が現れたのである。

◉能楽興行

四月二日から十五日間の期間だけ、安井神社の舞台で能楽を興行している。能楽という伝統芸能も、この時期幾分の衰退期にあったのか、その既になくなりつつある技を再興したのだという。

これらの五つの「附博覧」を概観してみると、国内外にわたって、〝京都情報〟を身体を駆使しての発信であったように見受けられる。〝京都にはこんなモンありまっセ！〟とばかり、普段容易に見られない技と伝統とをない交ぜにした一大興行が「附博覧」というコンテンツであったのだろう。

来て見て京都・外国人歓迎

京都に外国人、という本筋テーマに立ち戻ろう。

京都は、外国人に対して千年の天皇の都の美風を損なうことが無いようにとの配慮を念頭に置き、彼らへの接遇は丁重・懇切をコンセプトとした。その結果、各国領事宛に入京者への注意を提示する。その中の一つに、アメリカ公使から神戸領事に与えた一書がある。造幣寮御雇い教師キンドル氏の報告によれば、入京の許可証を渡すにあたって、

①入京希望者の行状・職業を確認の上で許可証を渡すこと

②京都への途中もしくは在京中に暴行などがあった場合にはそれは京都府の失錯であるとともに日本にとって赤っ恥である

という旨が記されているという。

当時、建国たかだか100年ほどのアメリカに対して、この文面が日本の卑屈さを表しているかどうかは判断しがたいが、体のデカイ国に対して小国ニッポンが一歩たりとも引くことがあってはならぬ、とばかりの意気込みを感ずるところである。

紳士の国といわれる、英国領事館では、一つのきまりを設けている。

①入京許可証を求める場合には、必ず先に洋銀二百元を領事に預けること

②もしも滞京中に粗暴な振る舞いによってニッポン人を傷つけたり調度品を壊した場合には先の二百元で領事が賠償すること

③間違っても京都側にわずらわしい思いをさせてはならないこと

これを評価して、『博覧会沿革誌』は、各国との交流改革を含めて考えても、イギリスがこのような付則を設けたことは、この時期におけるニッポンに対する考えと理解の一端を垣間見るようだと記す。逆に考えれば、それほどこの時期ニッポンに滞在していた外国人による乱暴狼藉は、規定のありようであったのだともいえるだろう。

かくして、第一回京都博覧会は、会期を三十日延長するほどに盛況を極め、三月に始まり五月末日をもって八十日間を無事に終了するのである。

文明国ニッポン・京都の生んだ文華

その後、第一回京都博覧会終了後の京都は、かつてのような活気を取り戻したのか。このような問いの前提には、答えは〝否〟というのが決まり事ではあるが、その通りである。

内外からの賞賛を博してかつての都は、八十日間は活気を取り戻したかに見えた。それは怒濤の勢いでの八十日間であったはずであるが、ところが、〝つわものどもが夢の後〟とばかり、閉幕後は、いっそうの寂寥につつまれたという。

その結果、次なる戦略として京都府がとったアイデアは、西洋諸国の博物館を模倣することであった。博物館や美術館は、ある意味では文化の集積地であるとともに、その地の文化発信基地である。それを京都で実現させようと試みる。

具体的には、博物館の名称を用いたのではなく、「常設博覧会」と称する〝仮博覧館〟を設置する。総勢二十九名の連判書をもって京都府に請願した後、京都府は正院に申請するという手続きであった。その結果、会場を本願寺書院として、本博覧会の蒐集品の幾点かと、宮内省へ掛け合い御所から、

青貝御屛風　一双　　蒔絵御所棚　一台

唐木蒔絵御所棚　一台　　御筆箋銘小男鹿　一管
鹿角御鞠懸　一台　　霊芝御置物　一台
鉄　　弓　一張

今の時代からこれを見て何が楽しいのか、と思う展示物ではあるが、おどろくなかれ、六月十六日開場～十一月二十七日閉幕、午前八時～午後四時までの開館で、来観者は四万二、八一五人という数字となった。先の本博覧会が四万六、九三五名であることを考えると、おそるべし御所の威力、と思える結果である。

一つの場所で、あらゆるものが展観できるという環境は、特別な事柄であると思いがちであるが、ミュージアムというのは、チョットだけセレブな感覚になれる恰好の場所であろう。遊園地感覚で出かけていい場所である。もちろん、実際の遊園地ではないから、作法は守らねばならないが。

その感覚を明治の初年にニッポン人は出会い、主催者側は、京都活況への目論見はあったにせよ、博物館の必要性を広めることへの一助を行ったのだと言えよう。

この期間には外国人は入場できなかったが、このような施設を持つことが文明化するニッポニア・ニッポン京都が諸外国へ発信する拠点となり得たのだと考えられてよかろう。

京都のウリは神社にお寺

前述までは第一回京都博覧会のことであったが、第二回のそれに際しては、画期的なことを行う。いうまでもなく、入京外国人用の逸品、日本初の活字印刷による英文ガイドブックである。

本書のタイトルは、"THE GUIDE TO THE CELEBLATED PLACES IN KIYOTO & THE SURROUNDING PLACES"とある。つまりは、『京都及び周辺名所案内』とでも邦訳できる一書である。

この中に取り上げられる名所の一覧を掲げておこう。

京都市　三条大橋　御所　祇園　知恩院　南禅寺　若王子　黒谷　永観堂　真如堂　吉田　銀閣寺
円山　東大谷　八坂　清水　清水焼　西大谷　大仏　耳塚　蓮華王院（三十三間堂）　稲荷　泉涌寺
東福寺　宇治　黄檗　西本願寺　本国寺　東寺　石清水（八幡）　長岡　梅宮　嵐山　清涼寺
仁和寺（御室）　大徳寺　金閣寺　北野　西陣　上賀茂　下鴨　鴨川　大津・堅田・比良　琵琶湖
唐崎　瀬田・粟津・石山　比叡山

全部で、四十七カ所を極めて短い英文で紹介している。併せて各ページの上部には、名所の銅版画が掲載されている。さらに、次ページにあげる一枚の両面を使って東山・北山・嵐山・京都

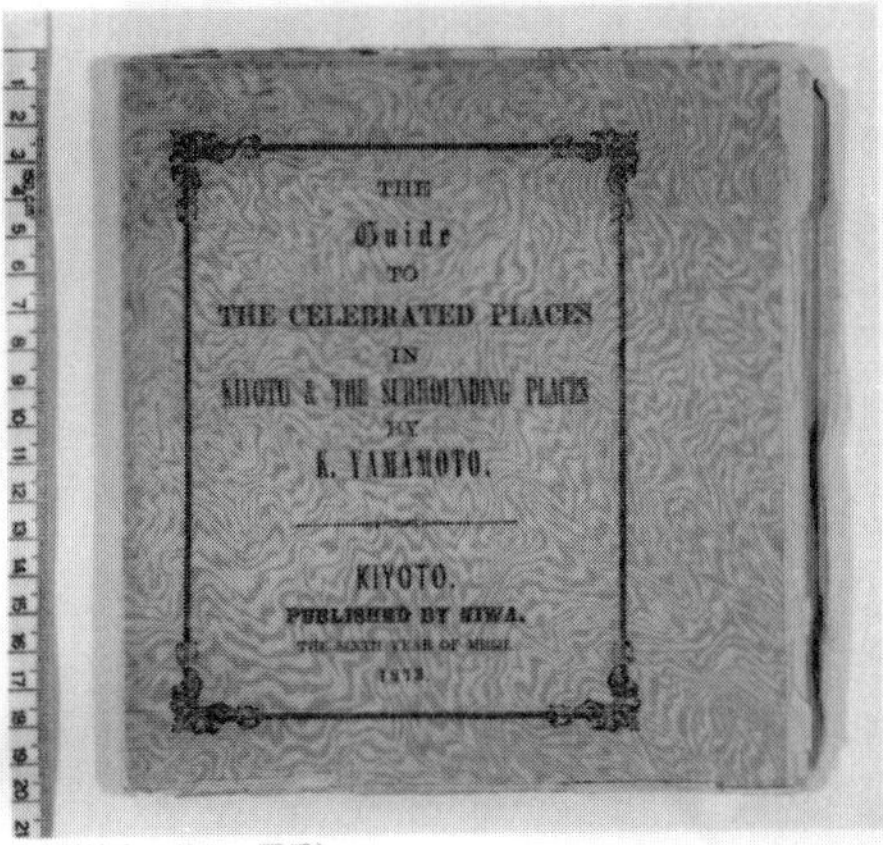

（撮影協力：前田　司氏）

市南部の地図と京都の中心街の地図を添付している。その一部分が次の画像である。

ここには、実際にはないものが描かれている。それは京都——大阪間の鉄道ラインである。当初京都は日本で最初の鉄道を敷設することを目論んだが、結果的には政府は許可しなかった。

ところが、実際のところ、地図には京都から大阪へ向けて鉄道のラインがのびている。これは、おそらく許可されるであろう、という想定の下に先に制作した故である。でも、大阪からは、淀川を船で上り、伏見で下船し陸路かもしくは高瀬川を上ることとなった。

近代文明の象徴たる鉄道は、開港地横浜と東京を結ぶことを第一としてその使命を果たすアイテムであったのだろう。

さて、ガイドブックに話を戻そう。この英文ガイドブック、丹羽出版から刊行された英字活字による印刷物の日本最初のものである。印刷機はドイツ製。組み立てに際しては、ドイツから技師を招請したといわれている。

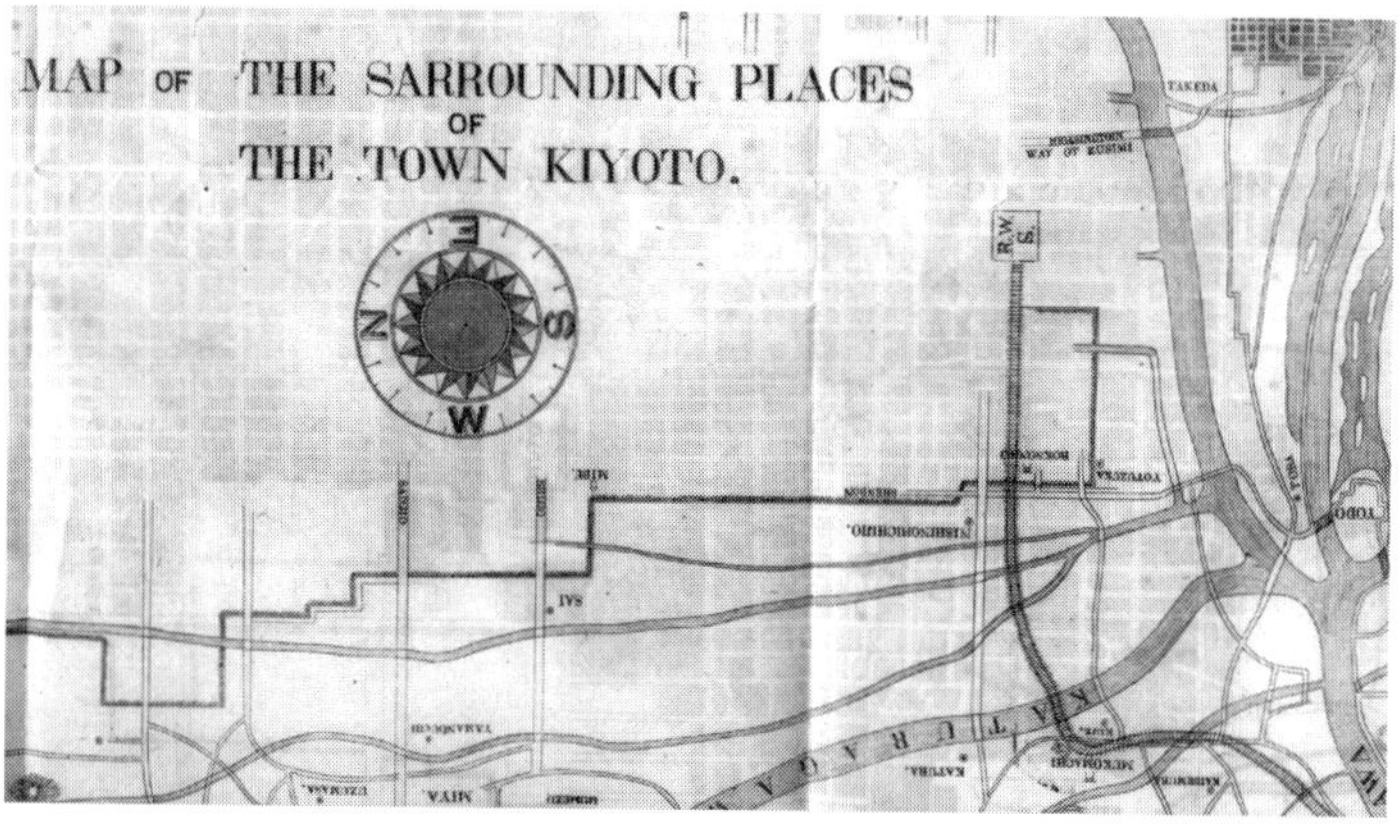

これを作成することを提唱したのは、一八七一（明治四）年に京都府顧問として招聘された山本覚馬（一八二八～一八九二）である。山本はもと会津藩士であり、蘭学・西洋砲兵学を修めた人物であった。

会津藩主松平容保の京都守護職就任と共に京都に入るが、京都の近代化を推進させた一人に数えられる人物である。後に京都府議会議長・京都商工会議所会頭を歴任するが、明治初年の、京都における博覧会開催は山本覚馬なくしてはありえなかった。

覚馬は自らの語学力を生かし、京都の産業、特に物産と名所を広めるための一助となる英文によるガイドブックを作成。これは、何よりも入京外国人にとって京都を概観するにはうってつけの一書である。

近年、京都では外国人観光客の増加に伴って、京都を代表するとされるホンマモンの花街を的確に知ってもらおうという企画の一つとして英文によるガイドブックを作成した。たしかに一時代前の外国人の認識するニッポン〝フジヤマ・ゲイシャ・スシ・テンプラ〟が、あるいは〝ソニー・ホンダ・トヨタ〟、〝アニメ・テレビゲーム・メイド喫茶〟がニッポンの全てではない。

ハイカルチャー、アンダーカルチャーという分離分割する意識は毛頭ないが、何時までもこれらで全て、という認識がまかり通っても困る。断っておくが、それも前掲のアイテムも現代ニッポンを象徴する文化そのものであることは間違いないことではあるが。

ただ、現代のように情報伝達が迅速でなかった明治初年という時代の中で、的確に外国人に理解して貰う最善の方法の一つこそが英文ガイドブックであったのだといっておこう。

ガイドブックをもって三条大橋から

ニッポンで制作された初めてのアルファベット活字によるガイドブック制作があったことをいったが、その一部分をここに紹介しておこう。その〝まえがき〟には、

本小冊子は京都博覧会に訪れる外国人向けに書いたものである。入洛の折には、おそらく国への土産話に名所旧跡を訪れるであろう。しかし道順がわかりにくいところもあり、案内人をつける必要が生ずる場合もあろう。そうした際、本冊子が役立つものと信ずる。

と記されている。が、本当に役立つか否か。残念ながら、昨今京都を訪れる外国人にこのガイドブックを使って京都を歩いてもらうという検証を行っていないのでその判断はつきかねる。ただし、現在一二〇〇年余の時間を経た京都を端的に表現してはいるように思う。〝京都〟についてガイドブックに記された概略をあげておこう。

京都は桓武天皇によって建都された。約一〇三〇年前、桓武天皇は京都に都を遷しここを〝平安京〟と命名し、その時代以来、京都はあまり変わらぬまま続いてきた。しかしながら、

京都は歴代天皇の居所であったため、内乱が起きると、常に戦いがこの地から始まった。また、京都は多くの立派で有名な宮殿や神社・仏閣があることでよく知られているが、生活必需品である絹衣や陶器などの最も有名な生産地でもある。

魅力に富むこれらの場所は、東山と西山の二つの地区にわかれている。東山は鴨川で西山と分けられ、京都市の東の部分であり、西山は仁和寺や金閣寺などがある。

この文面を、添付された地図と併せてみれば、だいたいの京都は把握できる。ガイドブックとは本来、斯くなる代物であったか、と思わせるものであることは間違いない。

当時、入京した外国人が京都の歴史も文化も生活様式もよく分からないままにこれを読んでも、〝京都ってこんな街なのか〟と合点のいく内容であることは間違いなかろう。なぜならば、①歴史、②産業、③地形という三つのアイテムによって短文で京都を表現しているからである。

そして、現在のガイドブックと大きく異なる点は、まだこの段階で京都駅はできていないため、どこかに出かけるにしても、京都駅を起点にするには一八七七（明治十）年二月を待たねばならない。したがって、各名所までの里程は、江戸時代にならって三条大橋を起点としている。

その箇所を当該書では、

鴨川に架かる第三番目の橋である三条大橋は、四方各地までの距離を説明する上で、非常に

良い場所にある。したがって京都から大津、あるいは伏見などへ何丁あるかと聞くと、京都の人はこの橋を基点に答えるのが常である。それにならって本書でも各地への距離は三条大橋からのものとする。

ガイドブックは、続いて秀吉による架橋のインフラ工事の説明をしているが、何よりも、三条大橋の、現在では何の変哲もない橋は、東海道の上がりであると共に、この京都からどこかに移動するにあたっては基点となった場所である。

狭い京都市内を歩くには、どこを基点とするかは重要な点の一つであったのだろう。そして、ページの上半分に三条大橋の銅版画が掲載される体裁となっている。

京都の根っこ・御所

御所。いうまでもなく明治に東京へ遷御するまで天皇が居所とした京都のど真ん中にある杜である。ここはそれまで一般にも公開されてはいなかったが、第二回京都博覧会では特別に公開する。京都御所および仙洞御所は第二回の目玉的会場であった。

そのいきさつを『京都博覧会沿革誌』では、

①第一回の京都博覧会では予想外に内外からの賞賛を得たが、三箇所に分割展示したことで来場者は少なからず不便であったと思われる。

②できれば一会場に陳列して来場者の満足を得られることが望ましい

③東京遷御以来、御所が空いているからここを拝借できないか

結果、許可され早速に檄を飛ばして四方に広告したという。外国へは外務省から外務卿副島種臣の署名で、

①京都・宮中諸殿において三月十三日から六十日間例年のように博覧会を開催する

② 入京方法は昨年の通り

という二点を明記して、イギリス・フランス・アメリカ・オランダ・イタリア・スペイン・オーストリア・ドイツ・デンマーク・ロシア・ギリシャ・スイスの各国公使宛に発信する。この各国表記を本書ではカタカナ表記としてあるが、原文は漢字である。試しに記すだけ記しておこう。

英・仏・米・蘭・伊・西・澳・独・丁・露・希・瑞

となる。もしも、場合によって筆者の理解が間違っていた場合には、ご批正願うところである。

さて、一八七三（明治六）年の頃の御所はどのようになっていたのか。『京都博覧会沿革誌』には、許諾請願の理由に以下の内容を掲げている。

- 仙洞旧院は不用となっている
- その庭苑を拝借して禽獣会を開催
- 植物の生育を観覧
- これらは学芸上の必要不可欠なもの

と。当時としては、半ば諦めの中で必死に許諾を得ようとしている感がある。かつて、天皇が御した場所を一般公開するというにはそれ相応の、国家の将来を睨んだ理由が求められるところである。

時の宮内卿・徳大寺実則から京都府知事・長谷信篤、参事・槇村正直、権参事・馬場氏就宛に送られた二月十三日付文書があるが、簡単に言ってしまえば「貸してあげるよ」という返事である。

ところが、当時の仙洞旧院は荒廃状態であった。園地・樹石は未だにかつてのままであるから、博覧会で見たけりゃどうぞ、というものである。また、正院も徳大寺宮内卿に仙洞旧院を内外国人にみせてもいいよ、という返事である。

京都に居住していると、京都御苑はあって当然なもの、という意識がある。また、筆者の学生時代には、狭いキャンパスから道を渡って、ランチを食べる場所という認識しか無かった。が、実際には、天皇の居所とは現在でもそうであるが、この時代にはとりわけベールに包まれた時間が流れる特別な場所であったのだと理解してよかろう。

世界にニッポンを知ってもらうこと

さて、京都で始まった日本国内での博覧会という意識は、ヨーロッパ各地やアメリカで開催される万国博覧会へと連動していく。諸外国での万国博は、ニッポンが、時間をかけて培養してきた技術と伝統文化を世界へ発信する一つの重要な場面となった。

陶器や漆器などの産業製品は、明確に伝統工芸品としての認識を得るきっかけとなったが、あくまでも、工芸品であって美術品でなかったことは少なからずニッポンにとっては、ショックであった。

さて、そこに到達する前に、ではいったいニッポンは外国で開催された万国博覧会に、何を出品してきたのか。概略を鳥瞰してみたい。

一八五一年。日本はまだ嘉永四年の江戸時代である。ペリー艦隊が日本に遠征してくるまでにあと二年を要する時代、イギリスのロンドンで世界初の万国博覧会が開催される。そのテーマは

"The Great Exhibition of the Works of Industries of All Nations"

すなわち〈万国の産業成果の大展示〉。説明的に訳してみればこのようになる。最も簡単にいってしまえば、〝**今、世界各国はこんなんでっせ！**〟という見本市である。

時間的・経済的余裕のある人、ビジネスの拡大を目論む経営者、好奇心旺盛な人、などあらゆる人たちを呑み込むことが、万国博覧会という宇宙である。特に〝万国博覧会〟とは、それまでの物産展の如くの博覧会とは異なり実利的・効率的な視野を超越して、参加各国が文化やその時の世界水準の文明を表現するという目的を明確に有したものであった。

1860年ロンドン博覧会オールコックコレクション展示

日本の〝工芸品〟、あくまでも美術品ではないことを留意して頂きたいが、初めてまとめて世界の舞台にのせられたのは、一八六二（文久二）年に開催されたロンドン万国博覧会である。この際の出品は幕府や朝廷からの参加ではなく、個人のコレクションである。

それは、初代イギリス駐日総領事ラザフォード・オールコック（Sir John Rutherford Alcock）所有のコレクションという極めて異例の出品であった。つまるところ、個人コレクションが会場に展示されただけのものであった。

現代のように情報取得が迅速でない時代にあって、情報開示の絶好の場が博覧会であった。知識としてニッポンを知っていることと、それを具体的にイメージできるファクターを与えられることとは雲泥の差があろう。

興味を持って貰うには、まずは知って貰うことであるが、知る手がかりとなるファクターこそが、このときはオールコックコレクションであったのである。

付け加えておけば、このとき幕府の遣欧使節団が会場訪問を行っている。日本史上初の博覧会見学ということになる。

気候風土が違ってもスゴイものはスゴイ

その後、一八六七（慶応三）年開催の第二回パリ万国博覧会おいてようやく日本から直接の出品がなされる。この時ニッポンからは、徳川幕府に加え、薩摩藩、佐賀藩が公式参加している。国家として参加することとなったのは、明治に入った一八七三（明治六）年オーストリアのウィーン万国博覧会である。この年、京都博覧会では初めて京都御所を会場として一般公開されたという歴史的な年である。

そこで、まずはパリ博から。

二〇〇五年にニッポンでは、一九七〇年の大阪万国博覧会以来三十五年ぶりとして、環境をメインにおいた愛知万国博覧会が開催された。それに先だって、二〇〇四年七月から二〇〇五年三月まで、東京・大阪・名古屋の三都市で「二〇〇五年日本国際博覧会開催記念展　世紀の祭典万国博覧会の美術　パリ・ウィーン・シカゴ万博に見る東西の名品」と題する展覧会が開催された。

その図録190頁には、

1867年パリ万博来賓客

政府の事業収支は赤字となったが、オースマン男爵により改造された近代都市パリをもつ、成熟した文化・産業大国としてのフランスのイメージを世界に広めて、政治的には大成功を収めた。

と明記される。

そもそも、一八五五年第一回パリ博は、皇帝ナポレオンⅢの意思のもとに開催された国際社会へのフランスの威信をかけたものであった。ロンドン博覧会が「産業」をメインにしたのだとすれば、パリ博覧会は「芸術と産業」をメインにおいた、フランスならではといえるテーマをメインとする。

このとき出品された幾つかを展観会の図録から採録して紹介しておこう。

上から、
丸文蒔絵竹網代六角香箱（江戸）〔所蔵・ヴィクトリア&アルバート美術館、ロンドン〕
籠目蒔絵六角香箱（江戸）〔所蔵・ヴィクトリア&アルバート美術館、ロンドン〕
名所蒔絵貝形香合（江戸）〔所蔵・ヴィクトリア&アルバート美術館、ロンドン〕

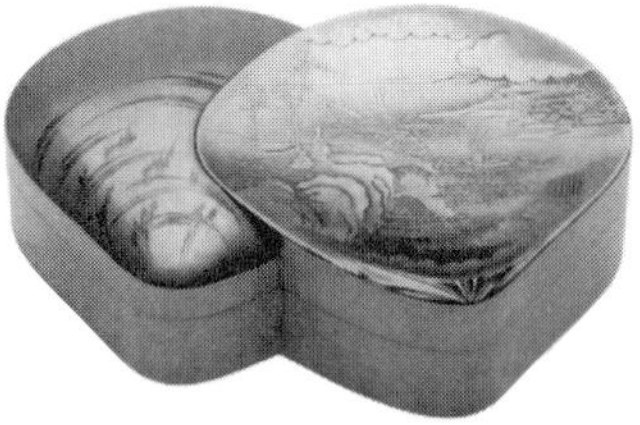

ロンドンの美術館が所蔵しているのは、このほかに七宝製の銚子と菓子器や象牙製の筆筒などがある。フランスではセーブル国立陶磁美術館所蔵のものとして、染付辰砂龍蝠雲文皿付碗がある。

これらは、東洋にあっては極めて高い技術と併せていわゆる〝美術品〟という理解が可能である。英語で〝japan〟といえば漆器を指すくらいのことであるから、〝ニッポン＝漆器〟の図式は容易に了解されるところであろう。しかしながら、それらを碧眼が見た時に、同じように〝美術品〟と理解されるか否かは別である。

ただ、少なからず、東洋の小国ニッポンが極めて優れた技術をもった文化形成をしていることの発信には十分であったはずである。

文化とは、ある風土においてが培養されることで僅かずつ変容するもの。
文明とは、外から導入されたとしても共有することが可能なもの。

このように仮定してみたとき、ヨーロッパの碧眼には、ニッポンという風土で培養された漆器とその製作技術は、文化としても文明としても〝工芸品〟として理解されたのだといえよう。

『日本の美術』No.428（至文堂、二〇〇二年）は「海を渡った日本漆器Ⅲ（技法と表現）」という特集を組んでいる。その「はじめに」において、加藤寛氏は「日本が江戸時代に輸出した漆器が大量生産による粗悪な商品であるとする意見が根強くある」と記しているが、その理由として幾つか明記されている。簡略に記せば、

①ヨーロッパやアメリカにおいて平均35－45％という過酷な湿度環境で長期間保管し続けられている。
②結果、輸出漆器は木製のため低い湿度環境によって木地が収縮を起こし接合部分の破損・板割れを生じさせてしまう。
③塗膜が乾燥や紫外線によって劣化し、剥離や亀裂を起こしていることがある。
④これらの防止のために現地で行われた修復で塗られたワニスなどが劣化し表面に黄色変化を起こしている場合がある。

ところが、十六世紀から十八世紀前半までの輸出漆器の制作工程は、国内の漆器と同工程で制作されているのだという。

ここに画像転載した漆器類は美術館収蔵となっているが、日高薫氏によればヨーロッパに渡った多くの漆器の中には、解体・改造されたものも少なくないという（『日本の美術』No.427「海を渡った漆器Ⅱ（18・19世紀）」至文堂、二〇〇一年）。しかも、その一方で十七世紀後半にはすでに「ジャパニングやヴラッケンとよばれた漆器のイミテーション」が制作されているのだと加藤氏はいう（前出書）。その理由として、

①東洋へのあこがれ

② 日本や中国から輸入した漆器が貴族にも手に入れられないほど高価なものとなった

という二点を加藤氏は指摘している。

漆器といえばテーブルの片隅にある蓋付き菓子器や茶托、あるいは無造作に書斎のデスクにある文箱、夏に素足に履く塗り下駄、花器台、御棚、箱膳、盆というイメージから、日常的調度品という感をぬぐえないため、ヨーロッパで貴重な〝工芸品〟という理解をされたとしてもさほど違和感はない。

ところが、これらの漆器を含めた工芸品こそがニッポンを発信する重要なアイテムであり、のみならず、ヨーロッパにおけるニッポン理解とその評価についての攻防の根源となったのである。

ニッポン製品だって美術品!?

美術品と工芸品の狭間。これは極めて曖昧にして、鑑賞する個々人によって判断の分かれるところの大きい対象である。何をもって美術品とみなし、何をもって工芸品とみなすのか。それを考えるにあたって、再度ロンドン博覧会でのテーマを考えてみる必要があろうか。

“The Great Exhibition of the Works of Industries”〈産業における成果の大博覧会〉

ここにいう〈産業〉をどのように考えるかの事である。“the Works of Industries” これを直訳すれば、〝産業の結果生み出された成果〟ということになる。

当時の日本では〈工業〉なる概念が極めて希薄であった。という以上に、なかったといっても過言ではない。その中で、日本からの輸出品目の多くは漆器、陶芸品に代表される工芸技術による成果であった。初期の万国博覧会への日本からの出品には二つのコンセプトがあった。それは、

①前近代（江戸時代以前）の古美術・骨董品としての工芸品
②当時の現代産業に基づく工芸品

である。

現代産業として日本工芸品製作を考えたのが一八七三（明治六）年にオーストリアウィーン万国博覧会において副総裁となった佐野常民氏である。佐野は博覧会参加に向けてオーストリア博覧会の『参同記要』において次の五点を目的として掲げている。

①日本の物産を紹介しニッポンの栄誉を海外に掲げる
②諸外国の列品や著説などから西洋の風土物産を学び機械妙用の工術を伝習する
③学芸進歩のために不可欠な博物館の建設し博覧会開催や参加の基礎固めをする
④西洋の日用の品として用いられることで輸出の増大を図る
⑤外国有名品を知り原価・売価や各国での需要調査により貿易増大を図る

国家の威信と国威発揚という二点を中心とした外国博覧会への参加の善し悪しは問われる時代ではないというべきであろう。

国家財政を工面してまで行った自国品による博覧会出品参加への意欲の背後には、輸出品目とその結果における貿易高増大を企図した国家政策がある。その一つの達成点として、一八七七（明治十）年に開催された内国勧業博覧会があるのだといわねばなるまい。それは第三回まで東京・上野で開催され、第四回京都、第五回大阪と一九〇三（明治三十六）年まで続いていく。

アメリカで「ニッポン・チャチャチャ」

一八七六（明　治　九）年　フィラデルフィア万国博覧会
一八九三（明治二十六）年　シカゴ万国博覧会

この十五年ほどの間に、一八七八年パリ万国博覧会が挟まれている。特に、西洋と東洋の概念の違いを明確にしたのが一八七六年開催のフィラデルフィア万国博覧会である。あるいは、それは美術と工芸の渾然一体化した当時の日本を露わにしたという方が適切であろうか。

一八七六年のフィラデルフィア万博には起立工商会社が出品している。とくにここからは、織工に製作させた輸出向けの新製品、それと同様の新作倣古製品、さらに国内需要の無くなった江戸時代の古器物が出品された。この時には、新作のみならず古器物が多く売買された。その会場の環境をうけて、一八七八年パリ万国博覧会では新作と古器物作品との会場を明確に分離することがなされる結果となった。

この年の国内外での日本の状況を整理しておけば以下のような内容である。

工芸

・兵庫県出石で盈進社設立―出石磁器の製造を行う
・兵庫県姫路で永世舎設立―輸出向け磁器の上絵付けを行う

美術

・博覧会輸出向工芸図案集『温知図録（第1集）』（24帖）がフィラデルフィア万国博事務局により編纂される
・内務省勧商局に工芸図案指導の為に製品画図掛設置
・フランス人収集家エミール・ギメ、フェリックス・レガメ来日
・工部美術学校（絵画・彫刻）が開校される

海外における日本

・フィラデルフィア万国博で起立商工会社が漆器、銅器、陶磁器に加え日本の古器物である陶磁器（備前・唐津・伊賀などの茶陶器）を出品。閉会後にはロンドンサウスケジントン博物館が購入
・パレス・ホテル（サンフランシスコ）にオーストラリア出身のジョージ・ターナー・マーシュが日本美術品店開店
・ジェイムズ・ジャクソン・ジャーヴズがニューヨークで『日本美術瞥見』を出版
・フェリックス・ブラックモンがリモージュのハヴィランド社で日本の花鳥画風の図柄

の皿を製作

この万国博は、アメリカに日本美術ブームを起こすきっかけとなった。

一八九三（明治二十六）年のシカゴ万国博覧会は、別の意味での日本工芸品に対する外国からの評価への変容を目標とした博覧会であった。シカゴ万国博への参加が決定すると、〝工芸家〟を評議委員会に含めて参加への方針と目標が決定された。その基本とするところは、日本国政府による出品作品である優れた美術品・美術工芸品が買い上げられる事であった。さらに、工芸を含めた日本美術を〝美術〟として公式に欧米諸国に認めさせることを目標とした。それは以下の文言に端的に現れている。

総て本を絵画に取りて成りたるものは其の水画たると細工物たるとを問わず悉く之を美術品として公認あらんことを請求すべし

博覧会参加を考え始めた明治前半期には参加目的の第一として殖産興業があった。しかしながら明治中葉となったこの時期国家として欧米に突きつけたのは至高の技術ではなく芸術品としてのハイレベル性であった。それはつまるところ「日本美術を欧米の美術館に」という大いなる目標である。

このことは、日本の文化水準の高さを、さらには当時の国家認識レベルとしての〝一等国〟であることの立場表明であった。

このシカゴ万国博にあたっては、日本政府は、

日本美術は西洋諸国の美術とその趣致及び発達を異にするをもって美術における現時の分類は日本美術の出品に対し多少の変更を要すべきを見る

これが、当時の臨時博覧会事務局の出したシカゴ万国博への立脚点であった。当該事務局は、シカゴ万国博事務局との交渉の結果、美術館に展示される作品の選定はおおかた日本側の主張に沿って展開されることとなる。とくに西洋美術概念と日本美術概念の調整は彫刻においても展開される。たとえば、彫像カテゴリーに〝根付け〟〝青銅製の鳥・魚〟〝木彫〟〝乾漆像〟〝塑像〟〝象牙彫刻〟が彫刻に含まれるのか否か。あるいは、工芸的な彫刻は美術に入らないとするが工芸術による彫刻は美術部門に入らないのか。などの問い合わせを行う中でシカゴ万国博事務局からは、〝日本事務官に一任〟という回答を得る。

ある意味では、粘り勝ちの日本政府に軍配が上がった結果となったが、〝日本の工芸品を日本の美術へ〟という目標とその評価はシカゴ万国博がなかったとしたならば、実現していなかったことになろう。その一方では、美術館を飾りうる作品の制作を国家予算から抽出して画家及び工芸

家にその制作を委嘱するのである。

異文化を理解することは容易なように考えがちであるが、極めて困難である。まして、現代のように求める情報が瞬時に入手出来る時代ではないことをふまえれば、すでに出来上がっていた欧米のアカデミズムに対してその評価と既成概念を東洋の小国日本が変容させようと打って出たのがシカゴ万国博覧会であったということになる。

ヨーロッパで博覧会が開催され初めた当初、多くの欧米人は万国博覧会を〝巨大な見本市〟まさに“Great Exhibition”としてうけとめてきた。その反面、自らの国家が創出してきた〝文化〟なるものを一堂に会そうと試みるのである。

結果は、各国の美術館や博物館がそれらを購入するという輸出業務になっていくきらいは否めないが、それでも文化という茫漠としたものを明確に理解する上では、極めて簡便な〝伝統文化〟の〝表出方法〟であり、それを受け止め理解する側としたならば、見ること以上に理解するにあたっての最大の手だてはないことを知るきっかけでもあった。

〝百聞は一見に如かず〟これを具現化したのが万国博覧会であった。とりわけ、本日中心に据えたアメリカの二都市で開催された万国博覧会は、外国における日本文化理解に対しての大きな転換点を仕掛けたものであった。

広告は斯く語りき・明治のホテル

ホテルの広告。といっても、一九〇三（明治三十六）年の『日本案内記』（原題：HANDBOOK FOR TRAVELLERS IN JAPAN）の中の広告のことである。外国人が利用できるホテルの広告がここには掲載されているが、一体この時期のホテルは、外国人に対して何を〝ウリ〟にしていたのか。

ここで、次ページにあげる京都にあったホテルの広告を見比べてみたい。

一つは、現在、外資系ホテルとなったかつての「都ホテル」。このホテルは、かつて京都人にとって、挙式を平安神宮、披露宴は「都ホテル」と言われるほどのホテルであったと聞いている。

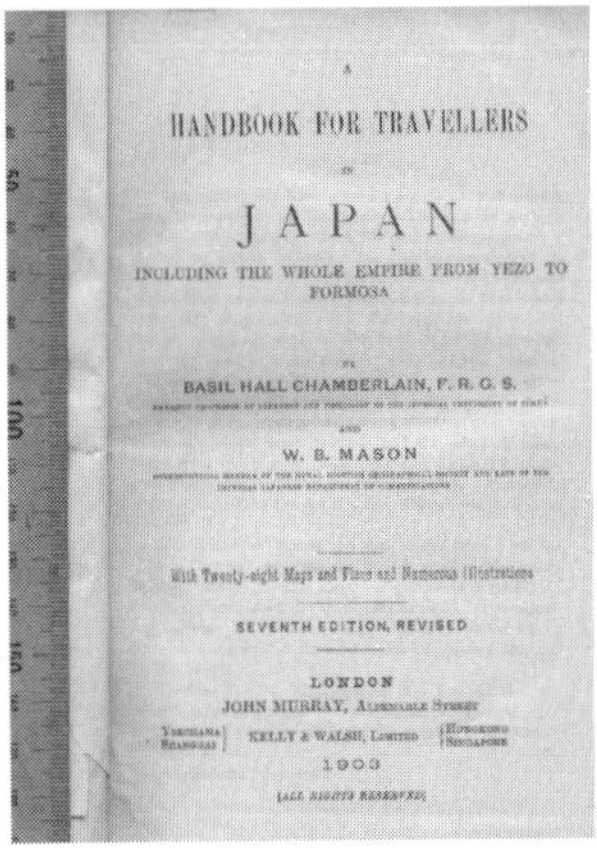
A
HANDBOOK FOR TRAVELLERS
IN
JAPAN
INCLUDING THE WHOLE EMPIRE FROM YEZO TO FORMOSA
BY
BASIL HALL CHAMBERLAIN, F. R. G. S.
AND
W. B. MASON
With Twenty-eight Maps and Plans and Numerous Illustrations
SEVENTH EDITION, REVISED
LONDON
JOHN MURRAY, ALBEMARLE STREET
YOKOHAMA SHANGHAI | KELLY & WALSH, LIMITED | HONGKONG SINGAPORE
1903
[ALL RIGHTS RESERVED]

その広告である。京都きってのホテルであり、くつろぎと心地よさ、料理にもてなし。これが「都ホテル」であった。

それに対して、現在オークラグループとなった「京都ホテル」は、ここに記されるように、広告に立地条件が良いことをまずはウリにしている。とくに、京都御所に近いこと、商業地の中心にあること、駅から近いこと、である。しかも、ホテルから見える京の山々

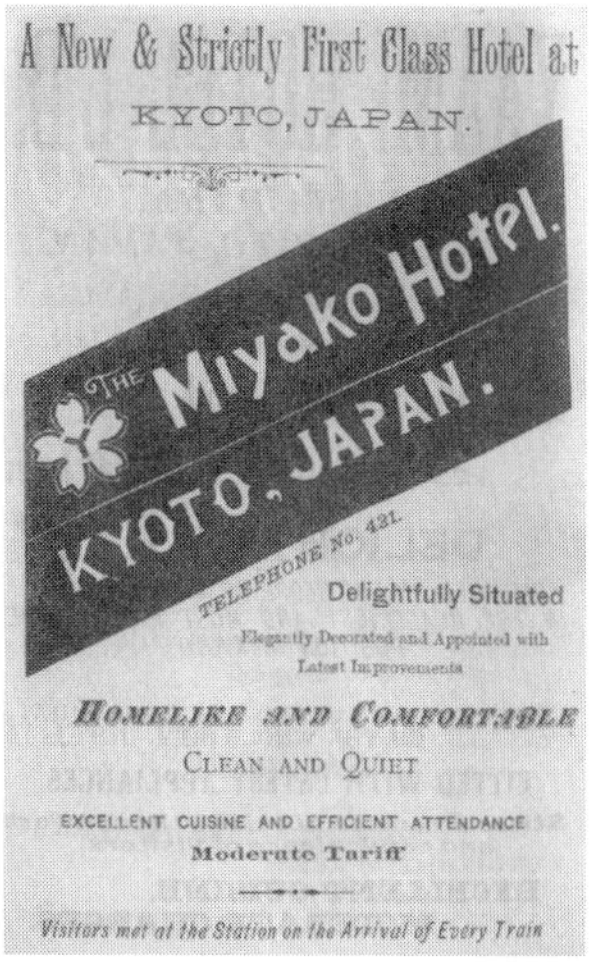

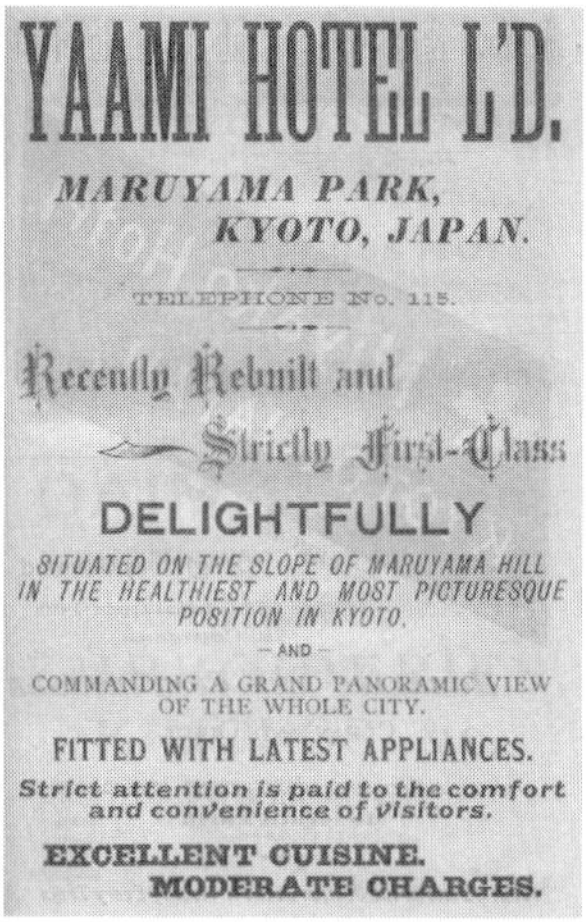

の稜線の風景、あるいはその他の有名な場所が見渡せることである。*1

そしてもう一つ。現在では既になくなってしまっている円山公園にかつてあった「也阿彌ホテル」の広告である。もとは宿坊の一つとしてあった。快適であることを全面に打ち出す内容となっているが、要約すれば、円山の斜面に位置したホテルであることで京都市全体の壮大なパノラマ風景が見られます、というものである。*2

この時代に限らず、ホテルから見える風景は重要なものであったのだろう。現在でも、ホテルから何が見えるかということは重要なアイテムとなっている。リゾ

ートホテルならば、どの部屋からも海が一望できるなどと記すことと同様であろう。

上に掲げたのは、絵はがき用につくられた也阿彌ホテルである。左から二棟目の屋根に「ＹＡＡＭＩ」と英語で記された看板が見える。

森田一郎氏編『明治フラッシュバック3　ホテル』（筑摩書房、一九九八年）に記された説明によれば、

一八七九（明治十二）年、外国人ガイド出身の長崎県人井上萬吉が、廃仏毀釈で廃寺になった京都円山公園内の、安養寺の三坊（端の寮・連阿彌・也阿彌）を買収、也阿彌ホテルを開業する。室数四十。照明は石油ランプを使用する。扉はなくカーテンで間仕切りをする。

京都・東山の斜面を利用して建造していることから考えて、東山から西に向かっての京都を一望できる立

地環境であったことはウソでは無かろうと思われる。

それにしても、カーテンの間仕切りに石油ランプとは。焼けるのもムリはないか。

最後に掲げるのは京都から一気に北関東まで飛んで、日光・金谷ホテルである。

ここは、創業一八七一（明治四）年とあるが、そもそもは、日光東照宮の雅楽奏者であった金谷善一郎氏がその前年にDr.ヘボンのすすめを推進したのが現在の「金谷ホテル」の前身である。現在でも、その創業となった邸は残っている。入り口には、「金谷侍屋敷（SAMURAI HOUSE）」の看板がかかっている。

その後、金谷カッテージインとなり、現在の金谷ホテルへと続いている。その広告が、上の広告である。

ここでも、日光の風景が見渡せることが〝ウリ〟

にされているが、目につくのは、伝統と浴室が広告で強調されているところであろうか。明治十一年にはイザベラ・L・バードは、侍屋敷に宿泊している。

ホンマに最後に。この四つのホテルの電話番号をしるしておこう。都ホテル421、京都ホテル117、也阿彌ホテル115、金谷ホテル1。やっぱりホテルってすごい、かも。

＊1 This first class hotel is beautifully situated a Garden near the Imperial Park, and is in the centre of the Business District. The Hotel, which is fifteen minutes' ride from the Station, commands an Extensive View of the Mountain and other Scenery for which Kyoto is famous.

＊2 Situated on the slope of Maruyama Hill in the healthiest and most picturesque position in Kyoto, and commanding a grand panoramic view of the whole city.

第Ⅴ章

祈り・願いのフラグメント

明治の神仏分離と文化混乱―信仰の迷走―

不幸な時代。この言葉によって取り出すことが出来る歴史の変動は、有史以来、現在に至るまで絶え間なくあった。国家間にしても、一つの国家内にしても、新旧の争いの無い時はなかったことは自明の事柄である。

さて、それを日本という国において考えてみようとする時、一つのエポックとなるのが一八六八年。言うまでもなく、明治維新を歓迎すると否とに関わらず、新たな時代を迎えた年である。時はまだ明治になる直前の三月十七日。天地がひっくり返る、といえば言い過ぎかもしれないが、少なくともそれが中《あた》らずとも遠からずの命令が神祇事務局から発せられる。「諸国神社の別当・社僧復飾の令」である（梅田義彦『改訂増補日本宗教制度史〈近代篇〉』東宣出版、一九七一年、三四一頁）。諸国の神社に普通に、違和感なく存在した別当・社僧の復飾に関する令である。別当とは、当時、神社にいた庶務を司る役職の僧侶のことである。やはり神社にいた検校なる職に次ぐ、要職を占めていた僧をさす。復飾とはあまり聞き慣れない言葉であるが、簡単に言ってしまえば、還俗すなわち、出家して一旦僧籍を得た者が俗人に戻ることを意味する。

この命令に記されているところは、①僧侶の姿をして神社の中で別当や社僧と称している者は、還俗せよ、②これまでの僧位、僧官の返上はもちろんのことであるが、追って沙汰あるまで浄衣を身につけよ、③本件については、当局まで届け出ること、という内容である。

そしてその十一日後の三月二十八日には、世の神と仏の入り交じった混淆状態を整理することと併せて、神道の国教化を国是とする「神仏分離の令」が出される。これは、『明治天皇紀　第一巻』（吉川弘文館、一九六八年、六六三頁）にも明記されるほどの出来事であった。「神仏分離」とは、詰まるところ、神様エリアに仏教関連の像や什器を置かないことを命じたものである。

やがて来たる明治という時代の魁として、先の僧形にして神祇に奉仕することを禁じた復飾の令と神仏の分離という合わせ技で、神道を日本の国教とするべく準備を行ったのである。そのムーブメントは、初期の目的とは離れて、「廃仏毀釈」という仏教を廃して釈尊の教えを毀すという方向へと動いていく。

関西でその一番有名な事例は興福寺である。京都・聖護院門跡宮城泰年門主からのご教示によれば、興福寺ではありとあらゆるものを燃やし尽くし、その炎は青白く空を染めたのだという。あたかもその瞬間を見てきたようであるが、現門主の師匠様の師匠様はその光景を実際に見ていたとのこと。それをそのまま語り継いでいる。

しかも、興福寺の僧侶達、紺地金泥の経だけは別のところで焼き、その灰から金粉を拝借したのだとか。宮城門主は言う。「私はそれほどたくさんの経典が春日の神に奉納された一体感が、もろくも一夜にして灰燼に帰したことが残念極まる。神と仏の一体感は、何よりも長い時を経て育まれてきた日本の信仰そのものだから」と。

神様も仏様も右往左往せざるを得なかった年。それが一八六八年である。やがて、この年の終わりに至るまで、神仏のみならず、切支丹やその他の邪宗門を明確にするための太政官布告や神祇事務局からの命令は、国家の信仰風景を一変させていくこととなる。それはわが国の信仰というよりも、歴史的な文化土壌そのものを根底から揺るがす大激動であった。

このような明治の神仏分離は、「諸国神社の別当・社僧復飾の令」（慶応三年三月十七日の神祇事務局第一六五）以下、慶応末年から明治元年にかけて発令された十二の関係法令を合わせて「神仏判然令」と呼ばれる命令によって強行された。その重要なものは見てきた通りであるが、それらに共通する文言は、世に「明治維新」とか「文明開化」とかいわれるものの本質と、わが国の文化の混乱の原因がどこにあるかを明らかに示している。

・「王制復古神武創業ノ始ニ被為基諸事御一新祭政一致之御制度ニ御回復被遊候ニテ」（神祇事務局第一五三）
・「今般王制復古旧弊御一洗被為在候ニ付」（神祇事務局第一六五）
・「御政道ノ妨ヲ生ジ」（太政官仰第二一六）

明治の神仏分離策が政府の政治理想である天皇親政・祭政一致と表裏一体であることはいうまでもない。欧米諸国への開国と交易は、このような宗教政策を抜きにしては成り立たない。信仰の対象が工芸や美術の鑑賞物となる。今日の大寺にみられるような仏像や寺宝などの拝観は、明治におけるわが国内外の「博覧会」のにおいてすでに認められる。

このような明治の政策によって、わが国の神と仏に対する宗教的な心情のＤＮＡは危機に瀕した。その最大の被害者は、明治五年九月十五日の太政官布告第二百七十三号によって廃止された修験宗である。

明治新政府が目指した宗教統制は、一面では国土のグランドデザインを整えることであった。その反面ではその瞬間まで在り続けた光景を根底からくつがえし、文化基盤を崩壊させる政策でもあった。結果、多くの文物は外国へと流出。あるいは炎の中で燃やし尽くされたのである。さらに残った寺社は、観る対象として蘇生され前近代の物見遊山とは異なる京都博覧会の会場や観覧場所とされることとなった。その狭間にあっておびただしい宗教弾圧は、ある種の異様さをもって決行されていく。

寺院統制と門跡の廃止―奪い去られた名称と信仰の型―

京都・聖護院門跡第五十二世門主宮城泰年猊下は、極めて憂慮するべきこととして、ある時このような言葉を唇にのせた。「明治二年から明治五年までの四年間、聖護院の日誌が空白になっている」と。

この時期、神仏分離から、大教宣布といった社寺統制の中で寺院は徹底的に国家からの圧政を受ける。それをふまえれば、山内で日々の出来事を記していられるほど悠長な時期ではなかったのであろう。

特に、門跡寺院は明治四年五月には「諸門跡・比丘尼御所号等廃止、寺院は地方官管轄」(前出『改訂増補日本宗教制度史〈近代篇〉』三六六頁)という命令が太政官より出される。『明治天皇紀 第二』明治四年六月十七日条にもその旨が記されている(吉川弘文館、一九六九年、四七七頁)。

そもそも、門跡寺院とは門葉門流を意味する名称であり、鎌倉期以後はそのまま寺院の格を「門跡」に集約されてきた。そもそもは、宇多天皇の出家によって京都・仁和寺に入ったことに端を発する。皇族や摂関家からの出家の寺院として由緒の正しさを意味する称号であった。門跡寺院は、やがて宮門跡や摂家門跡、脇門跡などと区分されていく。

本節冒頭に掲げた聖護院門跡は、日本の修験道を牽引してきた本山派修験の中心である。ここは、男子皇族にして親王宣下を受けたものが入る宮門跡の一つである。園城寺（三井寺）の僧であった増誉《ぞうよ》が一〇九〇（寛治四）年に、白河上皇が行った熊野本宮参詣の先達役を務める。これによって増誉は、熊野三山を統括する役を与えられ熊野三山検校となる。それと共に、聖体護持の二文字をとって「聖護院」が創建される。

後白河天皇の皇子・静慧法親王《じょうえほっしんのう》が入寺の後は、代々法親王が入寺する宮門跡寺院としてあり続けた。

この本山派修験道の法頭《ほっとう》である聖護院門跡は、神仏分離以後、一八七二（明治五）年九月十五日に決定的な事態を迎える。「修験宗廃止の件」（前出『改訂増補日本宗教制度史〈近代篇〉』三七六頁）と称して府県に出された太政官布告である。この布告により、天台宗か真言宗かどちらかに所属することが国家から求められる。聖護院は、その創建の次第から天台宗の流れをくむ園城寺（三井寺）を頂点とする天台寺門宗に属することとなる。

宮城門主の御教示によれば、これによって聖護院が失った末寺は、九九・三％に至ったという。壊滅的な事態と言っても過言ではない。この数字は、プロとしての修験者数である。当時の日本の人口数は約六〇〇〇万人。その分母に対して十七万の修験寺院がありそれだけの数のプロの修験者がいたとのことである。この数字を現在の日本の総人口に比してみれば、修験廃止がなければ、単純計算で三十四〜三十五万人の修験者ということになる。

私は、何故それほどまでに明治政府が修験寺院の粛正統制を計ったのかを宮城門主に問うてみた。その答えは。十七万人というのはプロとして存在した数字であること、その下には数限りない同行といわれる在家信徒達がいる。ということは、修験の一団が団結した時には、どうなると思う？　と。

普通に考えても、山岳修行で鍛え上げた精神と肉体をもって修験者が明治政府の国家政策に対して反旗を翻した時には、相当のダメージを被ることになるであろう混乱した事態を予測できるところである。おそらく、それを根こそぎ解体するための方策こそが修験廃止の太政官布告であったのだろう。いかに、修験寺院の存在を明治政府が恐れたかは多くの宗派がある中で、ここを狙い打ちしたことで明々白々である。

『明治天皇紀　第二』には、修験宗の解体について、その信仰が存在することに支障を来すことが少なからずあるからだと記している（吉川弘文館、一九六九年、七五八～九頁）。

宮城門主は言う。プロの修験者が国家によって廃止されることで同行の中からプロにかわる人材が率いて山岳修行を行っていくようになったが、明確な型をもった山中での作法や行は無くなり、山岳斗擻《とそう》にのみ傾いていったと。

徹底した修験寺院の排除は、明治のこの時期にとどまらない。一九六〇年代半ば、宮城門主は群馬県の末寺にいた。今から四十数年前でさえ、地方の修験寺院に対する周辺からの眼差しは厳しかったという現実を話してくれた。

名称を剝奪し、末寺を廃し解体を目論む明治政府。それに対して、修験道が永く多くの在家信徒によって支えられてきた信仰であったからこそ信徒集団を核に存続してきた。今日においてなおその結束と団結の精神は継続している。

壊滅的廃棄の果てに―事柄の進捗は慎重に―

神仏の分離を太政官が提示した後、二週間を待たずに「神仏分離実施を慎重にすべき令」（前出『改訂増補日本宗教制度史〈近代篇〉』三四一頁）なる命令がだされる。神仏分離によって俄に息を吹き返した日本諸国の神社は権威を回復する。それによって、明治政府が求めたこととは異なる事態が出来《しゅったい》する。神と仏とが混淆した状態を分離分割し整理することを趣旨としていた神仏分離は、むしろその意図は明後日の方に捨て置かれ、神社内の仏像や仏具は取り除き、指図を受けぬまま粗暴なまでに破壊したのである。

それを停止させるための方策として神仏分離は慎重に、ということになる。慶応四年の六月二十二日には「真宗各派へ、神仏分離は廃仏毀釈非ざる旨諭達」が出される。神仏の判然は、宗門を褒貶《ほうへん》することではないことを諭すお達しである。

一八六八年の三ヶ月だけを見ても、いかに日本の信仰の光景が一変し、その中での混乱が大きかったかは想像に難くない。特に、太政官から発せられた布告や仰出《おおせいで》は、天皇直轄の命令書であるからその文書に記されている内容の実施は速やかにしなければならないし、なおかつ重要度は高い。

しかも、神社の別当や社僧たちは、「別当・社僧還俗の上は、神主・社人と称せしむる件」という太政官布告を一八六八年閏四月四日に受けている（前出『改訂増補日本宗教制度史〈近代篇〉』三四二頁）。そこに記されるのは、

①神仏混淆は廃止
②別当社僧は還俗して後、神主社人などの称号を用い神に仕えること
③仏教信仰のまま還俗した場合には速やかに神への勤めを辞め立ち退くこと

という三点に集約される。

普通に考えても、僧侶には分の悪い太政官からの神仏分離の命令であった。同日には、「切支丹はもちろん、その他邪宗門も禁制の件」なる太政官布告が出されている（前出『改訂増補日本宗教制度史〈近代篇〉』三四二頁）。その別紙に、

一　切支丹宗門はこれまでのご禁制の通り固く守ること
一　邪宗門は固く禁止のこと

と記される。その現物の一つは、神戸・三宮、生田神社参道前にある「ＭＯＮ」という洋食屋のディスプレイとして掲げられている。二十一世紀の現在、かつての開港地・神戸で切支丹禁制の

この画像がMONにディスプレイされている切支丹および邪宗門の禁制立て札の現物である。MONのマダムによれば、もとは一階に置いていたのだそうだが、ある日どこかの牧師が食事に訪れ、たまたまそれを飾っていたテーブルに着いて一言。「こういうものはいただけない」。その後、一階から二階への踊り場にディスプレイするようになったとのこと。

現代にいたってなお、明治政府の禁令は、日本的な信仰を支え続けた前述の修験信仰のみならず、キリスト教においても忌まわしくも確かにあった歴史の傷みだといえそうである。

高札に出会うことは、当時の国家の混乱度合いを計るには適切であろう。

さて、神と仏を分離し、徹底して仏教のみならず切支丹、その他の邪宗門を禁止した明治政府の意思をどのように解釈しようが、ここには神道の国教化の意図が見え隠れしている。やがて、明治政府はさらなる暴挙に出ることとなる。

神道の国教化へ—国民教化への足がかり—

明治三年正月三日。この日、神道によって国民教化を図るため、「神祇官にて祭典、鎮祭の詔ならびに宣布大教の詔」が出される。その詳細は、『明治天皇紀　第二』（吉川弘文館、一九六九年、二四八〜九頁）に記されている。その要旨は、先年明治二年七月八日に設置された神祇官や太政官などの職員令に則り、国家祭祀が神祇官によって執行される旨を明らかにしている。そして何よりも、大教宣布によって、日本という国が神道によって国民教化する旨が宣言されるのである。

その宣言の後、宣教にあたって講義が開かれているが、そこでのキーワードは「敬神」を国民に教化することであった。

明治という新たな時がもたらされることで、国のかたちを造形するにあたって、改めての神の存在を紐帯《ちゅうたい》にしようと試みる。それは、神道による祈りの型での国民教化であったのだといえよう。

その推進は、結局のところ最終局面まで到達することは無かったが、その過程の中で、明治四年正月五日には太政官布告によって「社寺領上知令」を出す（前出『改訂増補日本宗教制度史〈近代篇〉』三五三頁）。『明治天皇紀　第二』（前出、三八九頁）にはそのいきさつが、太政官日誌および太政類典をもとに記されている。

明治二年の版籍奉還の後、社寺だけは除外されたままとなり、その整理の必要性を説いている。

旧来の状態で土地・人民を私有していることについて、この日より現在の境内地を除くほか、悉くに社寺所有の土地を各府藩県に所属させ、別に禄を下賜するというのである。ただし、この年の収穫は従前のままとし、今後は、諸公役に服する土地は、旧来のまま所有することを許可する内容となっている。

かつて所有していた土地の没収とは、手厳しい明治政府の措置である。しかもそれは寺院に限らず、神社へも及んでいる。明治政府が何をしたいのかよく分からない。つまりは、社寺がもっている土地を取り上げてしまえば、国家への影響の力をそげると考えたか。

さらに、太政官布告によって明治四年五月十四日には、「神社は国家の宗祀につき、神宮以下神社の世襲神職を廃し精選補任の件」がだされる（前出『改訂増補日本宗教制度史〈近代篇〉』三五五頁）。神社制度の中心たる神職制の改正である。これと共に、現在でも、神社の参道の始まりあたりに記される、官幣大社や官幣中社などの神社の班位、つまりは神社の序列が定められる。この経過は、梅田義彦氏『改訂増補日本宗教制度史〈近代篇〉』の中で極めて詳細に記されている（三五六～三六六頁）。

神と仏を分離し、さらには神社の神官職の制度をここに明確にするのである。それは、伊勢の神宮とて例外ではなかった。したがって、それ以外の神官に例外があろう筈もない。

廃止の後は国家へ返還せよ―寺院の財産は国のもの―

修験廃止の二ヶ月後の十一月八日、明治政府は太政官よりさらに布告する。「無檀無住の寺院廃止の件」である（前出『改訂増補日本宗教制度史〈近代篇〉』三七六～七頁）。この資料についての示唆は、先の聖護院門跡宮城門主から受けたものである。

ここにいう「無檀無住」とは、檀家が無くなったことと、住職がいなくなった寺のことである。上記の布告の中には、総本寺および本山を除いた無檀無住の寺は、地方官において廃寺処分の手続きをとり、宗派名と寺号を明確にして教部省に届け出るようにとある。

加えて、但し書きが付加されている。そこには、

①各寺の仏像や什器などは、本寺法類の最寄りの寺に預けること。
②堂宇建物は最初の造営に関わる次第を明確にせよ。
③その結果、官営の寺院は公収。
④私に造営した場合には、寄贈者（檀那）に返還。
⑤その判別が付かない場合には、適宜に取りはからえ。
⑥寺院跡地はすべて大蔵省へ伺い出でよ。

官か私かの判別が付かない場合というが、この時代、廃寺となったほとんどが判別の付かない寺院であった。造営の次第そのものが判らなくなっている状態である。それを当時の大蔵省へ伺い出でよ、とはいうもののそのまま国家の不動産になることは必至である。

神仏分離は、結局のところ社寺の分離のみならず、その延長において神社の上地令を含め、寺院の財産でさえ没収するに至るのである。

宮城門主曰く「復活したとはいえ、一旦失われた宗教活動の基盤を取り返すことは至難のことである。葛城山脈に含まれている聖護院末寺でさえ、廃寺（二）、転宗（八）となっている。（中略）『葛嶺雑記』（嘉永三年）に記載の寺院三十三の内、十三ヶ寺が廃絶し、八ヶ寺が無住の空き家となっている」という。

世俗の立場からすれば、転宗というコペルニクス的展開そのものが理解するには困難なところがあるが、修験寺院への国家弾圧ともいうべき憂慮する事態にあっては、転宗することが生きのびる方法でもあった。

さらに政府は、教部省達書として明治九年十二月十五日には「山野路傍の神祠・仏堂処分の件」を出す（前出『改訂増補日本宗教制度史〈近代篇〉』三九五～六頁）。

①山野や路傍の神祠や仏堂で、監守する者がいない場合には、すべて最寄りの社寺へ合併するか、移転せよとのこと。

②その受け持ちの神官・僧侶はきちんと定め存続願いを管轄庁に所定の様式用紙に則り届け出ること。

よくぞここまで国家が監督するものだと、その徹底ぶりには感心するほどである。

修験の総本山聖護院門跡に立ち返れば、このような弾圧と紆余曲折を経た後、現在の第五十二世門主・宮城泰年師へと至るのである。

祈りと願いのミッション・修験宗の復活

修験の不幸な時代はわが国の不幸な時代であった。それを克服してのち、二〇〇八年四月、総本山聖護院門跡として記念すべき盛儀が行われた。現在の本山修験宗の活力を表すものとして記録しておきたい。

それは、一通の電話から始まった。

「もしもし」

「はい。宮城先生、ご無沙汰致しております」

「私、宮城です」

「わかってます」

「何でわかった?」

「紛う方無き、宮城泰年先生のお声ですから」

年末も迫る、二〇〇七年十二月十九日午後九時頃に頂戴した会話の冒頭である。この一本の電話が私の宗教観、信仰観を変えようなどと思いもしなかった。

電話の主は、京都・聖護院門跡宮城泰年御門主猊下である。この方、飄々としたおよそ門跡寺院の御門主猊下とは思えぬ気さくなお方である。そこからしばし、人が生まれた瞬間に上げる産声の声質は生涯変わらぬことに話はおよび、本題に入った。そしていきなり、

「一つ、お願いがあります」

「何で御座いましょう。私ごときで叶えられます事柄で御座いましょうか」

「カミオしかおれへんのや。ということで、私、この度、聖護院の門主になりまして、来年の四月三日に晋山式を迎えます」

「おめでとう御座います」

当初は、何かの原稿依頼か？と思ったが、最後まで聞いて、勝手に晋山法要への出席かいな？と思案した。しかし、まさか私ごときに御門主猊下ともあろうお人がわざわざ「お願い」などという表現をとるとも思われない。一体何を「お願い」されるのか。不安が胸をよぎる。出来ることならばよいが、出来ないことならばお断りするしかない。

「つきましては、法要のあとに祝宴があるのだが、その司会をしてもらいたい。そこには、成田屋の市川團十郎丈が特別演目で出演してくれることになった。ところが、その全体の進行をする人がなかなか決まらない。いろいろと制約がありカミオに、ということになった。やってくれるか。五百名くらいの祝宴になろう。」

おそらく、宮城御門主にいわせれば「やってくれるか？」という依頼の意をこめて「？」であったはず、と仰ろうが私の耳には「。」にしか聞こえてこなかった。このような場合、私の立場で

は思案するふりは出来ない。また司会が出来るか出来ないか、引き受けるか否か、という二者択一の選択肢も与えられることはない。結論から言えば、生来の軽い性格が災いしてか、どうかは自分でもわからないが、簡単に引き受けてしまった。というよりも、引き受けるしか選択肢はなかった、というのが本当のところであろう。

聖護院なる地に、京都に四半世紀以上も住みながら行ったことさえなかった。ご丁寧にもそれを御門主猊下を相手に伝えてしまった。多分、その段階で「しもた〜！　電話するんじゃなかった」と宮城猊下が思われたであろうことは想像に難くない。

お引き受けしたはいいが、受話器を置いた私の脇には冷たい汗が夥しく流れていた。失礼をかえりみず記しておきたい。電話のあと、脳裡には「聖護院門跡って何？？」という疑問符だけが群れ飛ぶトンボのように乱舞していた。知らないことは恥じねばならないが、そもそも、聖護院のご本尊が不動明王であることさえ知らなかった。

若干記しておけば、晋山式とは、ある僧侶が寺院の最高位に就く儀式である。したがって、一生にただ一度の法要となる。ある人物と記したが、それが誰でも良いわけではない。最高位に就くに相応しいと誰もが認める方でなければならない。

そのご祝宴の司会進行を、ド素人の単なる大学教授に依頼してきたのである。クリスマス直前に頂戴したギフトではあったが、出来るならばご返却させてもらいたいような「プレゼント」であった。清少納言風にいえば、「有り難きプレゼント」である。

とにもかくにも、宗祖・役行者からはじまり、聖護院門跡、そこから山伏、吉野から熊野の山岳修行と、基本用語さえ知らぬままではと気を取り直し、ありとあらゆる文献、データを調べ尽くした三ヶ月と十日間であった。

調べた時間と件数の分だけ多くの情報と知識で満載された現実があった。しかし、頭の中にイメージする山岳修行の過酷さの前にひれ伏すことは出来ても、私が山伏になれることはなかろう。それはお経が唱えられないばかりではなく、山岳修行に出てもよろしい、という許可を得られる可能性そのものが、限りなくゼロに近似値であるからである。

時折見かける文献と写真と動画の中にいる、ホンマモンの苦行を重ねてきた聖護院門跡御門主・宮城泰年師との電話での邂逅は、改めて、新たに信仰を模索する自分自身との再会でもあった。さて、これからいかなる結末になることか。

山伏問答VS勧進帳・緊張極まる宴の狭間

ニッポンの根元的な信仰として、山岳信仰をとらえることはあながち間違いではなかろう。現在でもその色彩を色濃く、継承し続けているのが修験道である。その修行を積んだ人物を大先達《たいせんだつ》というのだと聖護院での節分の際に行われた採燈護摩供での山伏問答の説明で教えられた。

この山伏問答。素人であっても実によく理解出来る文言によって問答が形成されている。いま、ここで山伏問答、山伏問答と繰り返しているが、修験寺院に行かねば聞くことが出来ないものでもない。歌舞伎十八番「勧進帳」の中で繰り広げられる安宅の関での弁慶と富樫らとの問答こそが山伏問答そのものである。

さて、山伏問答とは、採燈護摩の際に訪れた山伏一行に対して、受け入れ側が「偽山伏《つくりやまぶし》」か否かを吟味する儀式である。それをもとに、件の聖護院門跡御門主猊下は、ご自身の晋山法要の祝宴で成田屋十二代目市川団十郎丈が演ずる台本を、自ら書き下ろされた。はじめて台本を拝見した時には、目の錯覚かと思ったが、御門主は間違いなく、しっかり、はっきり、くっきりご自身も出演される内容となっていた。と、いうことで、御門主から許可を取ったその時の台本を引用しておこう。

作・宮城泰年師、演目・聖護院櫻吹雪偶然問答《しょうごいんさくらのふぶきたまさかのもんどう》である。

法　螺・譜「説法」
新門主・宮城泰年大僧正猊下
山　伏・市川團十郎丈
問　者・中井教善師

山伏　案内申　案内申す
問者　どーれ。案内な請われる、旅人やある。案内請われしは、汝なるや。
山伏　いかにも。
問者　しからばお尋ねもうさん、旅の行者住山いずれなりや、また何用あって来場いたされ候や。
山伏　某は江戸は歌舞伎座の住、市川團十郎と申す者にて候。本日宮城泰年師、第五十二世・聖護院門跡晋山披露の祝宴有りと承り、祝いの一言、言上せんが為、はるばる馳せ参ぜしものにて候。なにとぞ、御門主猊下にお取次のほど、請い奉る。
問者　なんと、なんと　市川團十郎とな？團十郎と申せば歌舞伎界の名門、フランスはパリのオペラ座にても公演の、今をときめく世界の人。いかに此の場が門跡晋山の、めでたき席とはいえ、團十郎の来参など、あり得る筈なし。見れば大層なる衣装に身を包み、團十郎の名を騙りて、祝い酒の一杯、盗み呑まんとする、偽山伏ならん。汝、まこと團十郎とあるからには、山伏の義、一通り御心得ある筈。事の真偽を正さんがため、一通りお尋ね申さん、如何に如何に。

山伏　これはこれはとんだ濡れ衣、山伏の義、一通り心得て候。何なりとお訊ね召されい。

問者　しからば問わん。修験のいわれは如何に。

山伏　ほほう、その来由いとやすし。それ修験の法といっぱ、胎蔵金剛の両部を旨とし、峻山悪所を踏み開き、世に害をなす悪獣毒蛇を退治して、現世愛民の慈愍を垂れ、難行苦行の功を積み、悪霊亡魂を成仏得脱させ、日月清明、天下泰平の祈祷を修す。かるが故に内には慈悲の徳を納め、表に降魔の相を顕し、悪鬼外道を感服せり。これ神仏の両部にして、百八の数珠に仏道の利益を顕す。

問者　袈裟の形に様々あれど、結袈裟とはいかに。

山伏　これ本山派　聖護院専用の袈裟にして、九条袈裟を折りたたみたる形、九合は九界を現し行者は仏界にして十界一如の不動袈裟　三つ股なるは三身即一、六つの房は六波羅蜜を顕すものにて候。

問者　いかにも。寺僧は錫杖を携うるに金剛杖を持ち給いしいわれはなんと。

山伏　事も愚かや金剛杖は、天竺檀特山の神人阿羅邏仙人の持ち給いし霊杖にして、胎蔵金剛の功徳を籠めり。釈尊もはじめ阿羅邏仙に給仕して苦行し給う。かかる霊杖なれば我が宗祖役の小角、これをもって山野を跋渉し、それより世々にこれを伝う。

問者　仏門にありながら帯せし太刀は。

山伏　これぞ案山子の弓矢に似たれども、嚇しに佩くの料ならず。仏法、王法に害をなす、悪獣毒蛇は言うに及ばず、たとわば、人間なればとて、世を妨げ仏法、王法に適する悪徒には、不動の利剣をもって、覚醒な与えんとする印なり。
問者　しからば、無形の陰鬼陽魔、仏法、王法に障碍をなさば、何をもって斬り給うや。
山伏　無形の陰鬼陽魔亡霊は、九字真言をもってこれを切断せんに、何の難き事やあらん。
問者　して山伏の出で立ちは。
山伏　即ちその身を不動尊の尊容に象るなり。
問者　してまた八つのわらんずは。
山伏　八葉の蓮華を踏むの心なり。
問者　出で入る息は。
山伏　阿吽の二字。
問者　そもそも九字の真言とはいかなる義にて候や、事のついでに問いもうさん。ササ　何と、何と。
山伏　九字の大事は深秘にして、語り難き事なれども、疑念を晴らさんその為に、説き聞かせ申すべし。それ九字真言といっぱ、いわゆる臨兵闘者皆陳列在前の九字なり。まさに切らんとなす時は、正しく立って歯をたたく事三十六度、まず右の大指をもって四縦をえがき、後に五横を書く。そのとき急急如律令と呪する時はあらゆる五陰鬼煩悩鬼、まった、悪鬼外道死霊生霊、たちどころに亡ぶ事、霜に煮え湯を注ぐが如く、実に元品の無明を切るの大利剣、莫耶が剣もなんぞ如かん。

まだ此の上にも修験の道、疑いあらば、尋ねに応じて答え申さん。その徳広大無量なり。肝にえりつけ人んな語っそ。あなかしこあなかしこ、大日本の神祇諸仏菩薩も照覧あれ。

百拝稽首、かしこみかしこみ、謹んで申すと云々、かくの通り。

問者　いかにも。先ほどよりの見事なるお答え、疑い、はれ申し、さてこそまこと市川團十郎殿と存じ候、無礼の段々お許しあれ、いざいざお通り召され、ご案内つかまつる。

山伏　疑い晴らされ、まこと重畳、然らばごめん。

門主　ただ今の問答、見事なる出来映え。山伏裸足とはこのことかと、聞き惚れ申した。さらば、いざ。成田屋殿のお言葉、しかとお請け申さん。

山伏　［團十郎丈・祝辞言上］さて我らが旅の道中、これまた祝いに奉納せんとての神楽の一行、奇しくも上洛途上に出会い、幸い同道仕って候、これも何かの縁、ここにお引き合さんと存ずる、ササ、これに。

陸奥は花巻に伝わる笹間大乗神楽にござりまする。

本日はまことにおめでとうぞんじまする。

後ほど一差し舞いましょう。

門主　時しも頃は卯の月に、旅の衣は鈴懸と、遠き江戸より関越えて、上洛召され祝いの言上。

人の情けの言の葉を、受けて心をとどむとや。まっこと泰年有り難し。重ねて笹間の大乗神楽、奉納さるとはかたじけなし。

さてこそ、ここに、持ちきたる。宸殿にての祈祷札。成田屋繁盛、身体健勝、斯くと念じてお渡し申す。

山伏〔團十郎丈しめくくりの言葉〕

祝宴当日、團十郎丈が着けた装束は、私たちがよく知る歌舞伎の舞台でのそれではなく、黒茶の縦縞であった。これは能の「安宅」で弁慶が着る装束である。能や狂言を翻案した歌舞伎演目を松羽目物というが、「勧進帳」はその最初の演目である。歌舞伎での衣装とはまた異なり、黒茶の縦縞に大口をつけた姿は、〝天下の團十郎〟ということもあり見惚れるばかりであった。

本山修験宗庶務部長雲尾保喜師は、「勧進帳」の中に山伏問答が取り込まれていることと修験道との相関関係を、民間に修験道が浸透していた証しであるとの教示をしてくれた。

能から翻案し歌舞伎十八番「勧進帳」を天保十一年に初演した七代目團十郎丈。その際、能への敬意を装束で表され「安宅」での柄を歌舞伎の舞台でも、と使用されたとは成田屋十二代目團十郎丈からのご教示である。九代目團十郎丈が最後に「勧進帳」に出演した際も、この柄で舞台に立ったとのこと。当日の十二代目が、晋山式祝宴にあたり装束含めて特段のご高配をなし、そこに本山派の結袈裟を掛けていたのは印象に残る。

左：成田屋十二代目市川團十郎丈　中央：宮城泰年御門主
右：本山修験宗法務部長中井教善師（聖護院門跡提供）

さて、山伏問答に戻ろう。そのシークエンスは、

一　人定質問【一体、あんた誰なの？】
二　来山目的【一体、何で今日は来たの？】
三　修験道基礎知識の教理問答【ホンマモンなら知ってますやろ？】

という三点に集約される。【　】内の表現はお許し願いたい。

この日、團十郎丈を相手に門者すなわち、偽山伏《つくりやまぶし》か否かの吟味をする役目をになったのは、吉野山寺護持院の一つ喜蔵院ご住職本山修験宗法務部長中井教善師である。相手は「オペラ座の怪人」ならぬ「歌舞伎座の住人」成田屋十二代目團十郎丈。常人ならば恐れをなすところである。しかし、この中井教善師ただ者ではない。中井師曰く「なんぼ相手が團十郎でも、ワシ、信仰がかかってんねン。負けてられへン」。これは極めて重い言葉である。耳にした瞬間、アイデンティティを賭けての特務とはこのようなものか、と記憶に刻まれる発言であった。

「勧進帳」をお家芸とする團十郎と、自らと本山派聖護院門跡の信仰をかけた中井師の真剣勝負の対峙。ホンマモンとホンマモンの問答は、ある種の殺気さえ感じる一瞬でもあった。信仰と芸能との狭間を埋めるところに、それぞれのミッションなるものが見えたような気がした時間となった。

蛇足ながら、二月二十五日と四月二日の二日間、天下の成田屋十二代目市川團十郎丈は、祝宴会場となったウェスティン都ホテル・瑞穂の間で稽古をつけられた。誰しもがあの眼力に圧倒されながら、至高の芸に間近で触れられる気持ちの高ぶりがあったように思う。

お家芸を継承することと併せて、十二代目團十郎の芸を磨き続ける姿は、圧巻としか表現のしようがない何かがあった。それは、東京・歌舞伎座、あるいは京都・南座の舞台で見る姿とも違っていたことだけはたしかである。あえていうならば、舞台に上がる全ての者に稽古をつける総合ディレクターたる團十郎丈の姿であった

僅かな時間の清興といえども、舞台装置・ライティング・立ち位置にさえ一切の妥協を許さない、大名跡を背負った歌舞伎役者の威信である。そのことからすれば、御門主猊下が台本を書き下ろされたのは当然のことであったか。

綿密な打ち合わせと、見えないところまでホンマモンを使うというコンセプトであったからこそ、単なる清興に終始しなかったともいえそうである。舞台に立つ以上、妥協はあり得ないことであった。妥協しないその姿は、山岳修行に入った山伏の姿と重なる。

わずかな妥協は、満行に到達出来ない。妥協が皆無であるからこそ、肉体と精神の苦痛に出会いながらも、それを超えたところで何かをつかもうとする山伏たちの山岳修行の行場があるのだろう。

信仰に敬意を払い、至高の芸に一目置く。それは、戦後ニッポン人の中から忘れ去られ続けてきた尊崇という精神に連動していく。少なくとも、十二代目團十郎丈と宮城御門主、中井教善師、そして法螺師、笹間大乗神楽一行の中には、その精神を互いに持ちながら向き合う緊張感を漂わせていた。

伝統芸能に信仰のフラグメントが取り込まれるのはけっして特別なことではない。むしろ、芝居台本のもとは宗教的な伝承であったり説話であったりする。その端的な台本の一本が「勧進帳」である。山伏姿で安宅の関を越えようとする義経と弁慶主従一行。その際、修験道でホンマモンの山伏か否かを吟味する問答と同様の内容が「勧進帳」では繰り広げられる。その本家本元の山伏問答を翻案して前掲のような台本が作られたのである。

宣教と芸能は表裏一体のものであると考えることは間違いではなかろう。むしろ、それは前近代における最先端のビジュアル性に富んだ布教方法であった。そのバトルが、息づかいも生々しく、八三〇名の列席者の眼前で繰り広げられた。

しかもこの日、御門主猊下はどうがどうでも観客の笑いをとろうとしていた。その極めつけが、〝法力失せて台詞を忘れてもうた〟と、わずかに首をかしげ、ニヤリとしながらイタズラ小僧のように、忘れてもいない台詞を忘れた〝フリ〟をし、観る者を一瞬ヒヤリとさせてくれた場面である。一番冷や汗をかいたのは誰あろう司会者であった。

あの、十二代目團十郎丈と中井教善師の緊張極まる問答はどこにいった？　と思うほど笑いこけた。けれども、一瞬の笑いの後、踊るが如く台詞もワルツの三拍子をタンタンタンと刻まれた。御門主猊下にまんまと騙されたとわかった次の瞬間、〝ド突いたろか！〟と思ったことは事実である。しかし、御門主猊下が八〇〇名を超える会場を一言で笑いの渦と化してしまわれたことには、悔しいが脱帽である。宮城御門主なかなか侮れない御仁である。やはり、難行・苦行の修行を積まれた大先達は一筋縄ではいかない。ホンマモンの山伏は、笑いをとるにもホンマモン、ということか。

團十郎丈と中井教善師は舞台で苦笑いをしていた。きっと、前日から練って、練って、練りまくっていたのであろう御門主。世界広しといえど、やっぱり煮ても焼いても食えないのは聖護院門跡第五十二世御門主猊下・宮城泰年師。由緒正しき門跡のワルガキ小僧である。

さて、その一幕をも含めて、清興の締めくくりには割れんばかりの喝采が会場から贈られた。それはどこにもないたった一度の、この日、この時のためだけに演じられた特別演目の舞台を讃える観客からの歓喜と感動を表すメッセージであった。

十五分ほどの時間に対して、すべてにおいてホンマモンを駆使し形を整えた時空。その光景を天界から覗いていたのは、晋山法要で、宮城泰年師が聖護院門跡の新門主となったことを奉告し、生涯一修験者であり続けるとの誓いを立てた役行者であったろうか。

明治初年、全国を吹き荒れた修験廃止の命令から一四〇年近くを経た二〇〇八年。本山修験宗・聖護院門跡は、高らかな宣言と共に新たな幕をあけたのである。

修験道と癒し・カミナリ族と御門主猊下

行ってみないとわからない。この一つに、寺社空間と古典芸能があろうか。前者は抹香臭いカビ臭い、後者は台詞が意味不明、という抵抗感が先行してしまう。それはそれで否定はしない。しかしながら、それは経験してみてはじめて下せる判断であることを強調したい。実に、お坊さんに神職さんというのはプレゼンテーション能力に長けている。しかもそこに表情、身振り手振りが付け加わるのだから、つい引き込まれる。また、聞いて納得、見て感心というおまけまでついている。

このようにいうと、筆者がふざけたヤツだと思われるかもしれないが、実際に三ヶ月と一〇日ほどドップリと修験寺院である聖護院門跡に浸かってみて初めて気付いたことである。ここのお寺、現在では京都土産で有名な八つ橋やカブラで知られてしまっている「聖護院」であるが、かつてはこの辺り一帯を所有していた大地主であった。しかも地名も聖護院村である。加えて、熊野三山検校の職も兼ねるという日本の精神文化の根源を管轄していた。それが聖護院門跡である。

森御殿といわれた聖護院門跡。現在の主・宮城泰年師。この方、大変由緒正しい方である。通常ならば筆者など直接話しかけてはいけないような御仁である。聖護院の塔頭である積善院生まれ。門前の小僧習わぬ経を読む、という言葉があるが失礼を許されるならば、この方、生まれな

旗指物をつけての節分宣伝。メンバーはつけていますが、私はつけていないようですね（宮城御門主談）。最前列が山伏姿も凛々しい宮城御門主猊下。（聖護院門跡・宮城泰年師提供）

がらの「門跡の小僧」である。しかも、やることが飛び抜けている。

それは、一九六〇年二月のこと。山伏の信者を集め、聖護院での節分広告を京都市中にしたという。その出で立ちは、鈴懸に結袈裟を肩に、瘴気《しょうき》を防ぐ十二襞の頭巾《ときん》という山伏装束であった。普通、この装束と聞けば、歩いてと思うが、それは甘い。オートバイで京都市中を回ったとのことである。しかも、背中に旗指物をはためかせて、である。

新聞に写真入りで記事になった、と嬉しそうに話される御門主のお姿は単なる悪ガキそのものである。ここに掲げる一葉が聖護院出発寸前の光景である。集められた山伏行者の少々困ったようにも見える最前列で、意気揚々とエンジンを吹かしているのが宮城泰年師である。

御門主猊下曰く〝ワシ、カミナリ族やってン。暴走なんちゅう〜新しいモンとちゃうで〟とか。最後のオチは〝カミナリ族〟かィ！　真面目に話を聞いていたが、オチを聞いて転けそうになった。やはり侮れないのは、宮城御門主なり。

お坊様、といえば高邁な倫を説く人と勝手に思いこんではいけない。たしかに、それがパーソナリティーの九十九パーセントを占めていることは事実であるが、残りの一％に、実に柔軟な「遊び」を持っている。その究極の人物が聖護院門跡御門主猊下に他ならない。

最初にお見かけした時は、小難しいお坊さんか？　と勝手に思いこんでいた。が、さすがに難行苦行を積まれたお坊様である。金髪をした筆者を受け入れてくれた。それが理由ではないが、ホンマモンとは一体どのようなものなのか、と興味と関心が優先された御門主との時間は現在進行形中である。

しかし、この御門主猊下どこか真面目にすっとぼけている。高僧であることが理由なのか、そもそも根本的にそうであるのかはまだわからないが、人に警戒心を抱かせない高等技術をお持ちである。信仰や布教というミッションを使命にするとはこのようなものなのかと考えさせられる。実に自律的な厳しさは内に秘め、それを表に出さないところは、たぶん、やはり、修行を積まれた高僧なのであろうと思われるところである。

癒しを求める時代といわれて久しいが、そもそも「癒し」とは何であるのか。伴天連《バテレン》の筆者は考え続けてきた。その答えが見つかったとは言い難いが、浮遊する自己をどこかに着陸させたいと思う心なのではないかと考える。浮遊する自己とは、確信の持てない不安定さとともにある状態である。肉体の苦痛が、精神を鍛えるか否かそれは判断できかねるところではあるが、何かによって慰撫され、背中を押されることを現代人が求めていることだけは事実であろう。その部分を充足させることが「癒し」なるものではないか。

聖護院門跡御門主猊下・宮城泰年師を「真面目にすっとぼけている」と表現したが、この御門主のパーソナリティーこそ、身近に出会える「癒し」そのものである、と断言しておこう。

神社や寺院は、ただ訪れるだけではもったいない。行って・見て・聞いて・感じてみることが重要である。私は、三ヶ月と十日の間、聖護院門跡宮城御門主と期間限定の大恋愛をした。祝宴の司会というお役目が終わった今でも、好きなことに変わりはない、とは思うが、期間限定であることにおいてこそ、この「恋愛」は、採燈護摩の炎の如く燃えさかった。それは、身も心も思考も、と五感全体への刺激であったように思う。それを一言でいうならば、突き抜けた苦行を積まれた方と重ねた時の「癒し」そのものであった。

「今でも好きや、好きや、大好きや～！言うてたら、ホンマに伴天連《バテレン》山伏になってまうで～！」。

とは御門主のお言葉。それもアリ、かもしれない。

山伏のお寺であるからといって、誰もが山伏になる必要はない。そもそも簡単になれるものではない。しかし、である。山伏になってみたいと思わせる何かが凝縮したお寺であることは、間違いない。迷いの中にいるならば、思い切ってホンマモンに出会ってみることである。たぶん、その出会いは、緊張から解き放たれ、新たな得体の知れぬワクワク感に変容する瞬間となろう。

「飄々であろうが、すっとぼけであろうが、お出でになった方に聖護院が暖かさになることであるならこのままあるがままに」という宮城御門主。運が良ければ拝観時、御門主猊下がご案内下さるとのこと。しかも講話付きの一時間三〇分である。訪れるには一押しの京都の寺院である。

たぶん、「カミナリ族の泰年とはワシのことぞ～！」とでも言いながらお出ましになることだろう。その出会いは、きっと新たな自分発見への入り口である。

【閑話休題】……………………………………………………………

宮城泰年師・若かりし頃のエ～ライこっちゃの一幕

宮城泰年師、現在のお仕事は聖護院門跡の御門主である。かつて若い時には新聞記者であった。そのときにも、エライこっちゃをやってくれている。次の一葉も御門主からお借りしたものであるが、大阪・通天閣が戦後再建された時に一番乗りをした時の「威風堂々」のお姿である。曰く、「誰が地上一〇〇ｍへ一番乗りするか」これが記者クラブでの競い合いであったのだとか。京都市中をオートバイで山伏行者のカミナリ族と化す四年前、それは起こった。

一九五六年七月二十七日夜、「外側の非常階段がまだリベット打ちが済んでいない時、番線で結わえたのみという危険なストリップ状態のところに、カメラマンと一緒に侵入した。緊張のあまりフラッシュガンを忘れてしまったが、懐中電灯を工作して即製のガンでフラッシュにした」とのこと。この一枚は「特ダネ賞」になり仲間にご馳走したら赤字になったと呵々大笑していた。

それでも、「降りる時の怖かったこと」とは、本当だろう。しかし、背後に足場が殆ど残っていない場所でのこのお姿。そもそも、登る場所が違うだろう！

（聖護院門跡・宮城泰年師提供）

ここは行場じゃない！　とツッコミを入れたい程度には「事件」である。山修行での「西の覗き」もナンのその。大阪を手中にした秀吉か泰年師か、というほど「してやったり」の後ろ姿である。許されるならばコミックマンガの如く、吹き出しをつけてみたいところである。

この好奇心旺盛なところは、少なくとも聖護院門跡・本山修験宗のトップになったからといって変わってはいない。唯一、この頃と異なるのは、当然のことながら、剃髪しているため御髪《おぐし》が無いことくらいか。体型も性格も、共にかつてのままに現在進行中である。

トップに立つ者、若い時からやることが違う。違いすぎる。「侵入した」とご本人は言うが、法的には問題はないのか？

御門主猊下！、と問いたいところである。が、過ぎたことは問うまい。最早、これが法的に問題であったとしても、遙か昔に時効である。何しろ、「特ダネ賞」だったのだから。

修験道の大先達が導く道とは何か

道をたどるとはどのようなことかと、山岳修行の山伏のお寺である聖護院門跡に出入りを許されることで考えてみるに至った。二〇〇七年十月、伊勢から熊野三山を歩いた時に、和歌山という地へ向けてたどり着いた一つの結論は、〝精神と肉体の悲鳴を体験出来る場所〟というものである。

現実問題として、歩くことによってでしか体感できない日本の精神文化の集積が、山岳地帯である和歌山にはある。もしかしたら、その果てにたどり着ける境地が一木一草、路傍の石にさえ神や仏を実感できることなのではないか、との結論を得た。

山伏修行では大先達に導かれながら山を歩き続けるのだというが、幹線道路のように道がもともとあるのではなく、誰かが歩き、その導きにしたがってあとに続く者がいることで自ずと道が見えてくるのではないか。それは、山を歩き続けた山伏たちの叡智の象徴である。

鈴懸に結袈裟、頭巾に草鞋という山伏の行者姿は、ある意味では異形である。しかしながら、その異形こそが修行者であることの徴付けであろうし、彼らはその姿に誇りと威信を掛けている。なぜなら、単なる精神修養にとどまらず、自らのアイデンティティを賭して行者である自己と向き合っているからである。

聖護院門跡採燈大護摩供（聖護院門跡提供）

さて、その山伏たちの山岳修行において、合図に使用される法螺は「声」というのだという。それぞれ「声」によって集合であるとか、危険であるとかを知らせるアナウンスとなる。『サウンドオブミュージック』の一場面で潜水艦艦長であったトラップ大佐が吹くホイッスルも、七人の子供それぞれによって吹き方が異なったと次女マリアはテレビのインタビューで答えていたが（二〇〇八年五月六日放送　NHKハイビジョン特集）、それに類するのが法螺の声である。声だからこそ、そこには様々な意味が与えられるのである。

どこに足をかけ、どこに手を置くか、大先達からその指南を受けねば歩くこともままならぬ険しい山中にあって、道を見出すことは一つではない。場合によっては脇の回避道さえ把握しているのが大先達である。

さて、聖護院門跡は長く天台寺門宗園城寺（三井寺）が兼業してきた寺院である。聞くところでは、近代に至り、新政府によって修験道禁止令が出された明治五年以降、内外に披露しての大々的な晋山法要を挙行するのは初めてであるという。その総責任者は、本山修験宗宗務総長岡本孝道師と聖護院門跡執事長中村覚祐師であった。

多くの場合、披露宴やパーティーとは〝長い・つまらん・疲れた〟の三拍子を持ち帰る帰路であるが、それを〝エー・何で〜・もう終わり〜〟を届けたいとお二人は無茶をいわれた。素人を司会に立てておきながら、である。しかし、それは真っ当な思いであったことだろう。加えてあろうことか、当日は祝ってもらう御門主猊下から、〝それでなおかつ、せわしさを感じさせないこと！〟との厳命がきた。どこまで厚かましい御門主猊下だ！　自分が祝ってもらう側の立場であることをすっかり忘れている。まあ、いい。ここで引っ掛かっては〝ワルガキ御門主〟の思うつぼである。先に進もう。

当日のプログラムは、

御門主入場
宗務総長挨拶
庶務部長御門主経歴紹介
来賓祝辞（四名）
團十郎清興
鏡開き（五樽・二十五名登壇）・乾杯

笹間大乗神楽奉納
御門主退場

書くことと、実際に行われることとの間には雲泥の差がある。これを三時間以内に全ておさめよ！というのである。余談であるが、鏡開きの登壇者二十五名は、その瞬間まで誰一人として知らなかった。司会の当人でさえ祝宴前に「**定刻まで開封厳禁**」と封緘されたファイルを御門主から渡された次第である。サプライズを届けたい！という願いはいいが、それを進行するのは至難の業である。御芳名を読み間違えたら一巻の終わり。そこに、五分以内の登壇時間という制約までついた。

宮城泰年師

作・演出・主演全てをこなされるスーパー門主・宮城泰年師。どエライ御方と知り合いになったもんだと痛感しながら、修験の山岳修行にも似て道なき道をたどるとはこのことか、修験道の根本哲学である実修得験とはこのことか、と思うとともに、新手の修行方法なのか？と感得するほどであった。正直なところ目の前は真っ暗だった。当日は五分押しで始まり、来賓祝辞終了段階で予定時

聖護院門跡（聖護院門跡提供）

間よりも二十分以上が超過していた。

しかし、宗務総長岡本孝道師からの指令は絶対である。大先達の導きを無視することは、命さえ落としかねないのが山岳修行である、司会は山岳修行ではないと思うが、それでも総責任者のご意志は重い。ある意味では御門主猊下のご意向よりも重いのが宗務総長と執事長のご意志である。

その根底にあった司会の特務は、茶道にいう一期一会のごとく、聖護院門跡と本山修験宗の信仰に裏付けられたもてなしの心を列席者に届けることであった。ある年の、ある月の、ある日の、ある席。そこに繰り広げられる光景とその記憶へのナビゲータ役、それが司会に求められたことであったと理解している。

だが、私は司会が生業ではない。金髪である以外は、ごく普通の大学教授である。しかもド

聖護院門跡第五十二世宮城泰年師晋山式（聖護院門跡提供）

素人であるが故に一点の落ち度も許されるところではない。これがプロの司会者ならば出席者もプロでもこれだけの人の数となると緊張もあろう、と評価は甘くなる。しかし、素人には厳しい。よって、一点の失敗も許されなかったのである。

道は見えなかった。見えないという以上に見ようとしてもどこにその端緒を求めればよいのかさえわからなかったという方が的確である。

けれども、そこが修験寺院・聖護院門跡の卓越したところなのであろうが、兎にも角にも多忙な時間を割いて祝宴の課題にとことん耳を傾けてくれた。その一つひとつをクリアすることで当初、まったく見えなかった司会進行という道は、大先達の導きによって全貌が見えてきた。結果、二十分の超過時間もなんのその、予定通りの時間に終幕となった。

大先達とは、斯くも超越した法力をお持ちであったか、と改めて感じ入るところである。総責任者岡本孝道師と執事長中村覚祐師の「もてなしの心」の神髄は、まさに大先達ならではの導きと共にあった。

〝絶対、上手くいくから。たのんまっせ！〟。本山修験宗内局役員諸氏からのこの言葉は、まぎれもない山中を渡る法螺の声そのものであったと確信している。新参の修行者を迎え彼らを無事に目的地まで導くことは、道を知るばかりではなく、励ますことにその本質があるに違いない。迂回路さえ知らなければ道の先導は出来まい。

僅かな時間の中で、初めて出会う修験の行者に恐れおののきながらも目的地に到着した。その、わずかな時の中で遭遇した困難は、聖護院門跡という修験寺院において、誰もが共有してやろうとの配慮の中での困難であった。本道を逸れることなく導き続けてくれた聖護院門跡・本山修験宗とはまさに己の力を引き出してくれる根源であった。そこには、ニッポン人が本来的に持っていた助け合いの精神があるように思われてならない。

祈ること。願うこと。それは民族・宗教に関わらず誰もがすることである。そこでは見えざる神や仏を感ずることが重要なのであろう。実際に神や仏に出会える奇跡が起こるか否かは運否天賦である。そもそも、そのように捉えることそのものが、物質文明に爛れている結果であろうか。

現代の日常生活にあって、即物性から離れてみるのも悪くはない。むしろ生身の身体一つで骨の髄からの苦痛に出会ってみることは限界を超える自分自身を知ることでもある。その一部分であっても和歌山・熊野はそれに出会える場所である。

そして、改めて思う。その熊野と吉野の山中を歩き続けてきた聖護院の山伏行者とは、やっぱりホンマモンなのだと。

神への祈りと正典《キャノン》と伝統と

平成二十年（二〇〇八）十一月一日。一つの光景に出会った。奈良・京都を行幸された際の天皇車列である。偶然にも天皇が座した側の歩道にいた私は、十数メートル先に龍顔を拝する機会に恵まれた。そこにはメディアでのお姿そのままの今上陛下があった。ふと、この方の祈りの延長に日本の神と仏への信仰があるのではないか、と思い至った次第である。

かつて今上皇后は、皇室は国民の祈りでありたいとご発言された。この発信源である皇室そのものが、遠くて近き、近くて遠き場所である。したがって、ここの主へはただひたすらに手を合わせることだけが国民の一人として表現できる姿かたちであった。ここに日本の正典《キャノン》がある。

正典《キャノン》とはギリシャ語で計量のさおを意味する。つまりは基準となるメジャーである。それを少しく発展させれば、信仰の基準や規範を表す語、ということになる。さて、では日本古来の信仰である神道に正典はあるのか。この素朴な疑問に答を出すのは容易ではない。神道とは言霊による祈りと共に所作を整え、神事祭儀を厳修することによって神明に奉仕するものである。そこに自ずから言葉によらぬ正典、すなわち、しきたりや型といった規範をもたらし、それを継承することによって正統を開示する。

そのような日本の伝統的宗教シーンに海を越えて渡り来たったのが客人神である仏であった。

やがて、柔軟な文化受容のわが国では、神と仏とが同じ場所でもめることとなく同座し和合してきた。さらに、そこに山岳信仰が重なったのが他ならぬ修験道である。現在、多くの日本人は、神様と仏様は別の存在であり同じ場所に居ることはないと理解している。簡単に言ってしまえば、神職と僧侶が同座することは見慣れぬことであるため、知らないことへの違和感と異文化感を持つのである。では、その現在の違和感を作り出したのは一体誰であったか。それは明治政府に他ならない。

前近代、カソリックキリスト教への禁教令を通して、西洋からの外来信仰を取り締まってきた日本。その政策から一転、開国をすることにより開港地に根を張ったキリスト教を中心とした一神教と遭遇することとなった。このことが、それまで日本が育んできた信仰文化の豊饒性を崩壊せしめる暴挙へと展開していく。神道の国境化への模索である。

明治改元から現在までの百四十年、国家政策の名の下に実施された神仏混淆の分離によって、本来柔軟であった日本と日本人の信仰という精神文化は姿を変えてきた。それは神と仏への篤き心を失い続けた時間であったのかもしれない。

祈ること。感謝すること。信仰を喪失したとしても、これは日常の姿であり、かつ特別なことでもある。自然破壊や環境悪化が叫ばれる昨今、その自然や環境を護持し続けてきたのは神や仏への信仰であった。修験の言葉に〝靡八丁斧入れず〟があるが、この言葉の根幹にあるのは一木一草に神や仏の姿を見ることである。

心が飢餓感や渇望感さえ忘れている時代。それが〝今〟である。明治の時から百四十年。この時の狭間に置き忘れ、あるいは知らぬ間に飛び越えてしまった精神文化の忘れ物。それが祈りと感謝を基軸とする信仰なのではないか。その姿とかたちは、社寺でする如く両の掌を合わせてみることそのものに他なるまい。見失い続けた日本の正典《キャノン》の再生がここにある、かもしれない。

第Ⅵ章

神と仏、ふたたび
―140年の時を超えて―

世紀を超えた新たな神仏同座の風景

日本の神と仏にその理由を明確にせぬまま、「共に居ることまかりならん」とばかり強引に三行半を作成し、勝手に受理してしまった明治政府の神仏分離。別居がそのまま永遠に〝GOOD-BYE〟となることは少なくない。当事者である神様と仏様の御意志とは無関係に。

以来、一四〇年。もはや修復、復縁することはないかに思われた神と仏は、今、二十一世紀型の手法をもってもう一度手を取り合った。一四〇年という不遇の時を超え、新たに伊勢の神宮から比叡山の延暦寺までを曲がりながら、気持ちの上では真っ直ぐに繋いだ「神仏霊場」。伊勢から始めて、和歌山・奈良・大阪・兵庫・京都・滋賀と、二府五県の一五〇の神様と仏様が在りし日の如く手を携えた。画期的なことである。

かつて、お社に仏様が、お寺に神様がと、両者の同座はこと珍しい光景ではなかった。むしろ、一般に神仏習合と称されるさまこそが、柔軟な日本文化の姿かたちであった。

さて、現代において新たな神と仏を結ぶ聖なる道筋を創設することの意義はどこにあるのか。一五〇の神と仏に相見えた時、己の中の何かが変わる、と断言することは出来ないが、本書に記された事柄を通して知るニッポンの再発見。それは、食べる・遊ぶから少し軸足を移し、ホンマモンを見る旅への端緒である。ふらりと歩く中で山門や鳥居に行き会い、一歩、二歩と踏み込んでみる。それこそが神聖な風景との同化という非日常への入り口かもしれない。

心に深い漆黒の闇を抱える現代。内なる自分に向かって、改めて何かを問いかける日常の余裕は無い。僅かでもそれを考えるきっかけとなる大仕掛けの舞台装置、あるいは神や仏の大宇宙を垣間見るために創られた、神社と寺院という聖なる中宇宙を巡るこころの道。神仏霊場とはこのように位置づけられようか。きっとそこに、もう一人の自分という小宇宙とのめぐりあいが用意されているに違いない。

伊勢の神宮　神仏霊場会発足奉告式典之記

慶応四年（一八六八）三月、明治政府によって断行された神仏分離以来、一四〇年の時を経て、二十一世紀に相応しい改訂新編「神仏同座」ともいうべき、神と仏が手を結んだ光景が伊勢の神宮に展開された。伊勢から和歌山・奈良・大阪・兵庫・京都・滋賀にわたる六府県の社寺からの賛同を得て創設された「神仏霊場会」。その一大事業としての「発足奉告式典」である。日本文化が造形してきた信仰の姿。それは、仏教伝来以降、紆余曲折を経ながらも神と仏とが相互に関わり和合する、というところに集約されよう。しかしながら、かつて確かにあった神仏同座の姿は教養として知っている、というくらいのことになっている。これが現代である。

わずかでもそれを考えるきっかけとなる大仕掛けの舞台装置。あるいは神や仏の大宇宙を垣間見るために創られた神社と寺院という聖なる中宇宙を巡る神仏霊場。二〇〇八年九月八日。その創設と発足の高らかな宣言が伊勢の神宮においてなされたのである。この日、「神仏霊場会」設立に賛同した各社寺の代表および随行など二百余名の出席と共に、来賓として田中恆清神社本庁副総長、奉告祭式場となった皇學館大学からは佐古一洌理事長、伴五十嗣郎学長の臨席を賜ることができた。

その式次第は次のような内容である。

斎主・加藤隆久（生田神社宮司）

導師・森本公誠（東大寺長老）

典儀・西中道（石清水八幡宮禰宜）

司会・神尾登喜子

・修祓

・降神の儀　天照大御神

天神地祇

八百萬神

・献饌

・祝詞奏上

・表白

・般若心経

・神楽奉奏　豊榮舞

・玉串拝礼

・撤饌

・昇神の儀

祭主祝詞奏上

奉告祭祭主並びに祭員

導師表白

豊栄舞奉奏

神戸・生田神社雅楽会伶人の奉仕による笙、篳篥、龍笛などの楽が奏される中、皇學館大学の記念講堂にて厳かに奉告祭式典は挙行された。とりわけ、聖護院門跡ほか各寺院の門主や管長らによる般若心経は、大地を震わし、天をも感応させるかの如くの迫力と荘重さであった。

さらに、祭場を伊勢の神宮に遷し、加藤隆久斎主、森本公誠導師と共に、神社本庁副総長田中恆清石清水八幡宮宮司と第二五六世半田孝淳天台座主による正式参拝へと進んだ。神宮への入り口の五十鈴川に架かる宇治橋に、この四人を先頭に、今回の神仏霊場会への賛同をされた近畿圏内の神社・寺院からの参列者が四列に並んだ光景は誠に圧巻であったし、何よりも荘厳であった。

宗教者たる社寺の神職と僧侶の列は、深閑とした神宮内を参進。五十鈴川における手水の儀を経て、内宮御正殿へ。歩みを進めるごとに、神宮の玉砂利を踏む響きは、鬱蒼と茂る神宿り給いし杜にこだましていた。

天台座主猊下 手水儀

神楽殿では、神楽の奉納が併せて行われた。

正式参拝の後、神宮会館において、鷹司尚武神宮大宮司の名代として高城治延少宮司、伊勢市長森下隆生氏などの来臨を賜り直会が盛況のうちに執り行われた。

明治の神仏分離以前は、神社に仏様、寺院に神様

延暦寺長﨟小林隆彰大阿闍梨 五十鈴川にて手水儀

と、両者の同座は当たり前の光景であった。むしろ、わが国の太古からの神道と千四百年の昔に渡来した仏教は、長い年月に間に交流してきた。神と仏は和合し、人々は神仏を分け隔てなく信じた。江戸時代に盛んであったお伊勢参りは、その道中に祀られている神と共に仏を巡拝した。

そのような神仏の関係が明治の宗教政策によって大きく揺らいだ。それは、神と仏の不幸な時代であった。神と仏もない現代の世相はそのことをあらわしている。

しかし今、神仏霊場が創設され、私たちに神と仏との出会いをもたらしてくれる道を指し示してくれたのである。近代始まって以来のその記念すべき最初の一歩を、神職と僧侶が相整い、伊勢の神宮に奉告した。

神仏霊場巡拝という道は、西国二府五県の聖地霊場を結びつつ、特別参拝の伊勢の神宮と全部で百五

内宮正殿参拝

宇治橋参進

十の神様と仏様が在りし日の如く、というよりも、今に相応しい新たなかたちで手を携えた道である。それは画期的、という表現が一番適当であろう。

崩壊からの新たな再生。ここに改めて神仏霊場として神と仏とが手を携えることで、迷える現代人に新たな道を示してくれた。そこに見えてくるのは、私たちが失いつつある祈りと感謝の「こころ」を取り戻すための、神仏による路標であろう。

神仏霊場巡拝の道

この度、創設された「神仏霊場会」は、次のような趣意を掲げている。

わが国には神や仏の聖地が数多くある。山川林野に神は鎮まり仏は宿る。聖地は神と仏との邂逅の場である。人々は神や仏を求め、山岳や辺地に修行し、神社や寺院に参詣してきた。そのような聖地が、特に、紀伊、大和、摂津、播磨、山城、近江など諸国に集中する。今日いうところの西国である。

この地にはわが国の宗廟たる伊勢の神宮をはじめ、二十二社などの神社や南都各宗、天台、真言、修験などの寺院が建立され、その後、浄土門各宗派、禅門各宗派、日蓮など鎌倉諸宗派が栄えるに至った。

そして伊勢参宮、熊野参詣、高野参詣、比叡参詣、西国三十三観音霊場巡礼、各宗派の宗祖聖蹟巡拝などが時代を越えて行われている。西国は神と仏の一大聖域である。ここには悠久の山河と信仰の歴史の刻まれた祈りの道がある。

これら神社や寺院への参詣、巡拝、巡礼は、多くの史書、参詣記、巡礼記、道中記の類に録されている。さらに各国の名所図会や案内記にも詳細に記されている。それらによると伊勢参宮、あるいは熊野参詣や高野参詣などにおいて、道中に鎮座する神社や寺院に併せて参拝し奉幣や納札などが行われている。
　斯かる由緒深い神仏の同座し和合する古社や名刹を中心とする聖地に神仏霊場を整えようとするものである。

新しい神仏和合の巡拝の道の誕生である。このような神と共に仏を参拝することは、明治の神仏分離までは、特に珍しい事柄ではなかった。旅の楽しみは、むしろ、数多くの神社や寺院を巡拝し名所旧蹟を訪ねることにあった。江戸時代、各地からお伊勢参りをした旅人は、西国から四国にまで足を延ばしていた。古き都、深山と海辺、風光の名勝に旅和する。その間に神を感じ仏を感じる。それが、自然によって生かされて在ることの喜びのもとである。

伊勢参宮　神仏同座の道

伊勢は「常世の国」である。
緑豊かな島路山、神路山の麓に広がる神域へ宇治橋を渡って入る。
遙かなる太古より流れつづける清らかな五十鈴川で心身を浄める。
鬱蒼と茂った杉木立の並ぶ参道を玉砂利を踏みしめて進む。
伊勢の神宮は、二十年ごとに式年遷宮が執り行われる。

森厳な社殿の庭前で古儀による数々の祭祀が厳かに営まれる。

伊勢の神宮には、瑞穂の国の祭りと祈りが千古の時を経て受け継がれている。

そこに天地自然のうちに神に祈り願うこころの原点がある。

伊勢の神宮は、広く、崇敬を受けることとなった。

江戸時代の「お伊勢参り」は、神仏同座の霊場巡拝のモデルである。

＊神仏霊場　皇大神宮・豊受大神宮

和歌山（紀伊・熊野・那智・高野）清浄の道

紀伊は「木の国」である。海には近いが山国である。

三千六百峯の山々と谿谷の間を縫って神と仏の聖地へと道がつづく。

伊勢路と紀路、大峯道である。紀路は「大辺路・小辺路」と呼ばれた。「辺路《へじ》」は「辺土《へど》」と同じく人里離れた辺鄙な地である。紀伊の辺路は、峯高く道険しい難路である。

大辺路は、田辺から熊野まで、おおむね海岸線を沿って紀伊半島をまわる道である。

小辺路は、熊野と高野をほぼ直線に結ぶ峠を三つ越える山間の道である。

大峯道は、熊野三山と吉野山を結ぶ厳しい山岳修行の修験根本道場である。

辺土を漂泊流浪する苦行によって六根を清浄する。

そして、見えざる神と仏に出会おうとする。それが「辺路《へんろ》」である。

＊神仏霊場　熊野速玉大社・青岸渡寺・熊野那智大社・熊野本宮大社・闘鶏神社・道成寺・藤白神社・竈山神社・根来寺・慈尊院・丹生官省符神社・丹生都比賣神社・金剛峯寺

奈良（大和・斑鳩・吉野）鎮護の道

「倭は国のまほろば」。青垣山に隠る美しい秀でた国である。

飛鳥・藤原・平城の古代の都、緑深き山々に神々が鎮まり、森や林には仏が宿った。

それらの神社や寺院を結ぶ祈りの道が大和の山河の間に続いている。

伊勢からの大和回りもその一つである。京街道を北上し、伊賀上野、加茂を通る経路が通常の道である。この道は、奈良の北端につながっている。東には、御笠山や春日山、高円山が連なり、東大寺と春日大社が並び立っている。

奈良の東部に至るのが、長谷、三輪、帯解を通る経路である。平安時代の長谷寺参詣の「初瀬街道」である。天神山、初瀬山、巻向山などの裾野を初瀬川に沿って行く道である。

三輪の西、大和川の北、矢田丘陵東南麓に斑鳩の地がある。法隆寺の斑鳩の里・西の京の七堂伽藍の地である。

伊勢大和回りは、桜井・飛鳥を経て、多武峰と吉野に至る。峯高く聳え草樹が鬱蒼と繁る多武峰と金剛蔵王の住む金峯山、すなわち、満山桜樹の吉野山は修験の山である。

＊神仏霊場　東大寺・春日大社・興福寺・大安寺・帯解寺・石上神宮・大和神社・大神神社・法華寺・西大寺・唐招提寺・薬師寺・法隆寺・法隆寺・中宮寺・霊山寺・宝山寺・朝護孫子寺・廣瀬神社・當麻寺・橿原神宮・文殊院・長谷寺・室生寺・談山神社・南法華寺・金峯山寺・丹生川上神社上社・丹生川上神社

大阪（大阪・河内・和泉）豊楽の地

東に生駒山地、金剛山地、北に北摂連山があり、西に大阪湾に開かれた地である。

浪速を中心とする摂津国の一部と河内、和泉を合わせた区域である。

大阪は、淀川や大和川などの運ぶ土砂によって造成された平野上にある。

淀川水域には、難波江、住吉（須美乃江）、難波津、御津、高津などが形成されている。

これらは太古からある上町丘陵とともに歴史の舞台である。

それは高津宮・難波宮などの皇居、さらに、住吉神社・生魂神社・座摩神社、四天王寺などの古社名刹が物語っている。特に、住吉大社と四天王寺は、伊勢参宮・熊野詣で・高野詣での折りには参拝して旅の無事を祈った。

河内は、山川の麗しい地である。名所旧蹟が多く、古墳や歴代天皇陵、聖徳太子廟、さらに、中世・近世の歴史の舞台がある。それらの間に、高野山の参詣道沿いに神社や寺院がたたずんでいる。

和泉は、瀬戸内臨海地帯や泉北丘陵と紀州街道・根来街道などが神社や寺院の基盤である。

＊神仏霊場　住吉大社・四天王寺・阿部野神社・今宮戎神社・大念仏寺・法楽寺・生國魂神社・坐摩神社・大阪天満宮・太融寺・施福寺・水間寺・七宝瀧寺・金剛寺・観心寺・叡福寺・道明寺天満宮・葛井寺・枚岡神社・四條畷神社・水無瀬神宮・総持寺・神峯山寺・勝尾寺

兵庫（神戸・明石・姫路・赤穂）豊饒の道

白砂青松の風光の地である。北は山並み南は海岸線の地である。

かつての山陽道に沿う播磨国と摂津国の一部を含んでいる。摂津国は山陽道の須磨駅までである。

ここから古くは畿外である。「須磨明石」という地名が特別のひびきをもつのはこのためである。

大阪湾に面した六甲山地には、「神戸」の地名のもととなった生田神社など由緒ある神社や各宗の寺院があり、背後の有馬とともに、多くの参詣者が訪れた。なかでも、伊勢参宮、西国三十三ヶ所巡礼、四国八十八ヶ所遍路などにおいては諸国の巡拝者が絶えることがなかった。特に、明石、赤穂は瀬戸内海路の要所である。遍路の「お接待」のためにここから舟を出すなど四国八十八ヶ所との関係は深い。

＊神仏霊場　生田神社・西宮神社・廣田神社・忉利天上寺・湊川神社・長田神社・須磨寺・海神社・廣峯神社・圓教寺・赤穂大石神社・一乗寺・清水寺・清荒神清澄寺・中山寺

京都（山城・丹後・丹波）楽土の道

京都は、「山川も麗し」と讃美された。「山河襟帯、自然に城を作す《な》」形勝の地である。京都は、東山をはじめ、三方を山々に囲まれ、東西に鴨川、桂川が流れている。京都の山河は神々の坐す聖地である。この地には平安京遷都以前からの賀茂の御祖神社と別雷神社などの古社が多く鎮座している。

それらが平安京遷都の後、男山の石清水八幡宮とともに宮都の鎮護の神とされた。

平安京の四方の山河の間に広がる郊野には、平安時代から神社や寺院が営まれ、さまざまな神事や仏事などが催されている。

ことに、東山は遠くに聳える比叡山から吉田山を経て葬地鳥辺野に至る多くの寺院が営まれる霊場である。千年を越える音羽山清水寺や八坂神社など数多くの古社名刹がある。

京都の古い神社や寺院は、周りの山や森の中、あるいは川辺や野辺にたたずんでいる。

そうした神社や寺院を巡りながら、一木一草に祈る。そこに神や仏を感じる。楽土である。

＊神仏霊場　石清水八幡宮・御香宮神社・城南宮・教王護國寺・善峯寺・大原野神社・松尾大社・天龍寺・大覚寺・神護寺・車折神社・仁和寺・鹿苑寺・平野神社・北野天満宮・今宮神社・宝鏡寺・大聖寺・相国寺・御霊神社・賀茂御祖神社・賀茂別雷神社・鞍馬寺・貴船神社・寂光院・三千院・赤山禅院・曼殊院・慈照寺・吉田神社・真正極楽寺・聖護院・平安神宮・行願寺・青蓮院・八坂神社・清水寺・六波羅蜜寺・妙法院・智積院・泉涌寺・観音寺・伏見稲荷大社・三室戸寺・平等院・醍醐寺・毘沙門堂・浄瑠璃寺・岩船寺・穴太寺・籠神社・松尾寺

滋賀（近江・湖東・湖西・湖南・湖北）欣求の道

京都と滋賀の境にそびえる比叡山は、南端は如意ヶ岳にはじまり、主峰の大比叡ヶ岳と次峰の四明ヶ岳などの山々が連なっている。その麓には琵琶湖が広がる。

湖南は交通の要所である。東海道三十三次の宿場は、湖南の大津から草津・石部・水口・土山と続き、鈴鹿峠を越えて、坂下、関を経て桑名に向かう。

伊勢への道は、関で東海道と別れて、津、松阪、山田と南に下る。古く斎王の伊勢群行もこの道を進んだ。伊勢大和回りは、この京街道を通る。近江では、坂下で、水口方面とは別に八日市方面に向かう経路もある。多賀、愛知川、森山と湖南を西にとって大津方面に向かう道である。いずれも社寺参拝と名所旧蹟巡りの道筋である。

近江を代表する比叡山と琵琶湖の周辺では、日吉神社や多賀大社などの神社や延暦寺、園城寺、石山寺などの寺院が各時代にわたって建立された。

近江の地は、神と仏を欣求するところである。

＊神仏霊場　多賀大社・田村神社・金剛輪寺・西明寺・長濱八幡宮・宝厳寺・観音正寺・永源寺・百済寺・日牟禮八幡宮・長命寺・御上神社・建部大社・石山寺・園城寺・西教寺・日吉大社・延暦寺

生田神社と加藤隆久宮司、と私

今、若干緊張しながら生田神社社報『むすび』新年号の原稿を書いている。大学院生の時、結局、結婚の儀とはならなかったが最初のプロポーズを受けたのは神戸だった。当時ここに寄稿させて頂くなどとは考えもしなかった。さすが生田・縁結びの神様である。加藤隆久宮司と私とをお結び下さった。

さて昨年三月二日、お伊勢から延暦寺までを、道は曲がりながらも精神は真っ直ぐに繋いだ「神仏霊場会」が発足した。その一番初めの相談者は誰あろう生田神社加藤宮司である。

突然の面会申し出にも関わらず、快く近畿神社界の全貌を丁寧にご教示下さった。また、阪急沿線の七福神巡りについてお話し賜ったことは、霊場会の組織作りにあたって大きく背中を押された。

宮司であり研究者であることは、あまたの御著書を通して存じ上げてはいた。が、阪神大震災の直後、最初にお出会いした時に拝聴した、三宮商店連合会の初代会長やロータリークラブ国際ガバナーのお話は、吃驚仰天《びっくりぎょうてん》の事柄であった。

スーパーマンもビックリのスーパー宮司とは生田神社加藤宮司のことであったか、と。私は正直なところ宮司という職務に対して認識を改めた一日を頂戴した。

生田神社　加藤隆久宮司
（生田神社提供）

神社における宣教《ミッション》とは、神様にお仕えすることだけではなく、生田の宮司のような社会活動をも含めてのことなのだと思い至った次第である。

しかも、この宮司の心細やかなご配慮は目に見えること以上に誰も気付かない細部にまで及ぶ。

昨年、九月八日、先に記した神仏霊場会発足奉告式典が伊勢の神宮で挙行された。儀式委員長として奉告祭のご斎主をおつとめ下さったのは加藤宮司。神楽・豊栄の舞ご奉奏は生田神社雅楽会。

伊勢の神宮・宇治橋を渡る神職・僧侶総勢二百名以上の隊列の先導お役は、熊野那智大社の篠原龍権宮司と、生田神社の勝昭権宮司。

その最前列は、加藤宮司・田中恆清石清水八幡宮宮司・比叡山延暦寺半田孝淳座主猊下・東大寺森本公誠長老の四方によって彩られた。

威風堂々、とはまさにこの光景。とりわけ、カメラのファインダーから見えた加藤宮司の白衣・白袴のお姿は、〝しつけ落とし〟のそれであった。見事！というに相応しい出で立ちと立ち振る舞いである。

後に宮司からお聞き致したお話。この日のために、冠から沓に至るまですべて新調されたとの

生田神社社殿（生田神社提供）

こと。

伊勢の神宮へのお参りのみならず、神様のもとへ赴くとは斯くも心改めてのことなのだと、教えて頂いた瞬間であった。

かつて、お正月といえば多くは新《あらた》しき年の初めの祝《ことほぎ》に着衣を新調した。それを身につけ、一年を安寧に過ごせますようにと神詣でに。しかし今やその精神はどこへ行ってしまったか。

「余所《よそ》行き」とは最近では聞かれなくなった言葉の一つである。本来その言葉の背後には日常とは違った「ケジメ」が加味されていたのだろう。こと改めての場面であるからこそ、「余所《よそ》行き」ということなのだ。

生田神社宮司というお立場にあっても伊勢の神宮へ、という場面に際しては特別なことなのだろうと推察する。威儀をただしたその

杉盛（生田神社提供）

お姿を拝し得たことは幸運以外の何ものでもなかった。

　また、生田神社手水舎と拝殿の傍らにはお参りのお作法が描かれている。知らないことを嘆くよりも、伝達し教導することを第一の優先事項とされる宮司ならではの宣教《ミッション》である。

　私は神様に関わることに限らず、判らないことは宮司にお聞きすることにしている。多分それは通常は「あり得ない」ことなのだろう、と反省はある。が、どうも遠慮している私は微塵もいない。

なぜなら。加藤宮司の掌《たなごころ》に乗っているのは素晴らしく心地よいことだから、である。

しきたりやお作法、お行儀という言葉が日常から消えて久しい昨今。生田神社・加藤隆久宮司から精神を姿かたちで表す大切さを教えて頂いたこの十年。その日本文化の真髄をもう一度再考してみたいと思う平成二十一年の年頭である。

生田の神籬《ひもろぎ》である杉盛に降臨あそばされた神様のご加護が皆様にあらんことを。

おわりに　神と仏の光景

江戸・幕末、そして明治へ。人は、静かに、慌ただしく、混乱と共に時を跨《また》いだ。時代と時代の狭間に挟み込まれながら、ある者は新しい時代を歓迎し、ある者は新しい時代の入り口で限りない屈辱の縁に追いやられた。

多くの場合、この時期の出来事を「歴史の事項」として理解してきた。それが間違っているわけではない。けれども、以来一四〇年の時間が流れ去り、新しい世紀となった今、「この時」、そして「この事」を再度考えてみてもいいのではないのか、と思う。何についてか？　近代という新しい時代を駆け抜けた中でふるい落とされた事柄の断片を。

とりわけ、日本という文化における神や仏への信仰が造形してきた光景を、である。

国家神道と一口に言われるが、その光景にあるものの正体とは何であったのか。

神と仏が一つ家に同居していた時代は、本当に悪であったのか。

日本人と日本文化から祈りや願いを奪ったのは、一体何ものであったのか。

考えてみればきりがない。政教分離と声高に言われる中で、毎年、八月十五日に靖国神社へ政治家が行った、行かない、公式参拝か否かがメディアを賑わすことに些か辟易してきた。それほど大切なことなのか。この傾向の根幹にある、何ものかの正体とは？

本書でそれが解明できたわけではないし、解明しようとしたわけでもない。むしろ、ホンのわずかな時間である、ここ一四〇年を考えてみたならば、何が見えてくるのか、それを言葉にしてみたに過ぎない。

跨いだ時の狭間に見落とした項目は無かったか。世界最速の男をきめるオリンピック一〇〇m決勝の勝者が踏みしめた歩数の如く、江戸から幕末、明治へと確かに駆け抜けた瞬間が日本にはある。それによって記された足跡は輝きと濁りを同時に残している。その相反するそれぞれの足跡と足跡の間に忘れ去られた出来事を再度拾い集めてみたら、今を読み解く手がかりがあるように思えた。

その一部を、あるがままに、なすがままに、表現したに過ぎない。

さて、その果てに見えた日本の未来にはどのような光景が広がっているのか。もう一度、古き時代に時計の針を戻すことは出来ないが、ニッポン再生への最後の時にも思える今、平成と明治を往還する時の旅人の歩みを始めてみたいと思った。

失われた時を求めて。何よりも、捨て去ってきた日本の型とかたちを求めて。

第VII章

付　録

山本覚馬著
『京都及び近郊名所案内』

1873（明治６）年、丹羽出版刊行
（“*The Guide to The Celebrated Places in Kiyoto & The Surrounding Places*”）
（タテ18.5cm×ヨコ17.1cm　本文全47頁）

緒言

本小冊子は京都博覧会に訪れる外国人向けに書いたものである。入洛の折には、おそらく国への土産話に名所旧蹟を訪れるであろうが、道順がわかりにくいところもあり、案内人をつける必要が生ずる場合もあろう。そうした際、本冊子が役立つものと確信している。

目次

三条大橋

御所

京都市

京都は桓武天皇によって建都された。約一〇三〇年前、桓武天皇は京都に都を遷し、ここを〝平安京〟と命名した。その時代より、京都はあまり変わらぬまま続いてきた。しかしながら、京都は歴代天皇の居所であったため、内乱が起きると常に戦いはこの地から始まった。

また、京都は多くの立派で有名な宮殿や神社・仏閣があることでよく知られているが、生活必需品である絹衣や陶器などの最も有名な生産地でもある。

魅力に富むこれらの場所は、東山と西山の二つの地区にわかれている。東山は鴨川で西山と分けられ、京都市の東の部分であり、西山は仁和寺や金閣寺などがある。

最初の頁に京都市内、次頁には京都近郊を記した地図を付してある。

三条大橋

鴨川に架かる第三番目の橋である三条大橋は、四方各地までの距離を説明する上で大変都合の良い場所にある。したがって、京都から大津、あるいは伏見へ何丁あるかを聞くと京都の人はこの橋を起点に答えるのが常である。それに倣って本書でも各地への距離は三条大橋からのものとする。

洛東八坂社

洛東知恩院

この橋は、秀吉が一六〇〇年頃、力を入れて建造するまで何度も洪水によって流された。秀吉は第一に鴨川の土手を極めて堅固に築造した結果、一度も壊れることなく現在に至っている。第二に、秀吉は三条、四条、五条大橋を架橋した。その際には橋脚の河床に大きな石を敷設したため以前ほど簡単に流されなくなった。

御所

かつて歴代天皇の居所であり、博覧会が開催されている御所は、我が国における最も壮麗な宮殿である。内壁の中にある建物は紫宸殿と呼ばれ、かつて政府がここに置かれていた。紫宸殿の右側には清涼殿と呼ばれる建物がある。

外壁には六つ、内壁には三つの壮麗な門がありそこから九門と呼ばれている。博覧会が開催されるまでこの中に入れたのは公家や宮廷の高官だけであった。したがって、人々はこの機会に御所を訪ねたがっている。

御所は三条から東北方向に十五丁。

祇園

祇園社は東山界隈で最大の建物というわけではないが、最も有名かつ壮

洛東南禅寺

洛北善王寺

麗な神社である。本名所案内は、ここからはじめ順次北に進むことにする。

祇園社の創建は西暦八六〇年代わが国を統治していた清和天皇であるが、何度も火事や地震に遭遇している。したがって、創建以来何度も建て直されてきた。現在の建物は、極めて堂々としており小さいとはいえ形は紫宸殿そのままである。さらに、八坂神社に入る際には見事な門に出会う。屋根以外は全て朱塗り。神社の入り口には鳥居と呼ばれる二本の柱とそれらに交差する梁があるが、ここの大鳥居は石造りである。

他にも紹介せねばならない場所は多々あるので、祇園社についてはこのくらいにとどめておくこととすよう。

知恩院

ご存じのように昨年の春に開催された先行博覧会会場である知恩院は、京都でも最も壮麗な寺院である。知恩院は仏教を日本へもたらすのに功績のあった源空（法然上人）によって仏教布教のために創建された。西暦一二〇二年頃のことである。壮大で見事な現在の建物は、有名な工匠左甚五郎作である。知恩院には高さ一八フィート、厚さ一〇インチもある大梵鐘がある。鐘楼は本堂の南東の丘の上である。

知恩院は三条から約八丁。

洛北黒谷

洛北永観堂

南禅寺

南禅寺は西暦一二六〇年頃亀山天皇の宮殿であった。後に仏教に帰依した亀山天皇はここを仏教寺院とし、現在に至っている。南禅寺には立派な庭園があり、方丈は上の銅版画でも分かるとおり実に堂々としたものである。山門のそばの灯籠と呼ばれる石造りの提灯も立派なものである。

三条から南禅寺までは十四丁。

若王子

若王子は一二二〇年頃に仏教崇拝のために後白河天皇によって創建された。ここには三つの滝があり夏には多くの人が涼みにやってくる。秋に紅葉するモミジの木が多くある。

若王子は南禅寺にほど近く三条からは約十六丁。

黒谷

黒谷は京都でも大きい建物の一つで、本尊が奉られている本堂は立派なものである。本堂は壮麗な建物であり、また山門と呼ばれる美しい楼門がある。この寺の開祖は我が国に仏教布教に功績のあった円光大師である。

黒谷は三条から十九丁。

洛北眞如堂

洛北吉田社

永観堂

永観堂は仏教崇拝のために八五四年に文徳天皇によって創建された。この寺で最初に仏教を説いたのは高名な弘法大師の孫・真紹である。永観堂には参詣する人々に尊崇の念を抱かせる見事な仏像が多くある。さらにここには美しい庭園があり、この庭園は東山界隈でも最も立派なものの一つとしてよく知られている。

永観堂は南禅寺からの杉を目印に。

真如堂

真如堂は境内に多くの小さな塔頭が建ち並び、御所の東側地域において最も壮麗な寺院である。ここは、京都でも花と紅葉で有名な場所の一つである。真如堂は白川女院の発願によって一〇五〇年代に、中国から伝来した仏教崇拝のために創建された寺である。

真如堂は、三条から二十三丁。

吉田

吉田社はわが国でも非常に古く有名な神社である。現在の建物は大部分が朱塗りとなっている。銅版画でもわかるように吉田社は見事な大木が生

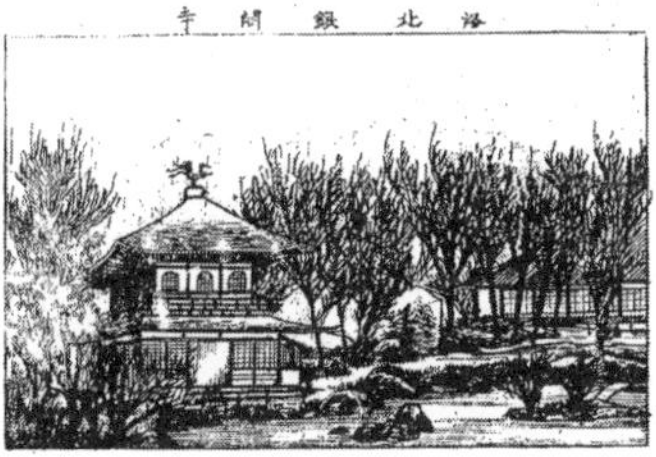

えた心地の良い神社である。
吉田へは三条から約半里。

銀閣寺

銀閣寺はその壮麗さによって大変有名であることは昔も今も変わらない。一四〇〇年頃、足利義政が自らの慰めに建物に銀箔を施したことから「銀閣寺」と呼ばれるようになった。銀箔は今でも残ってはいるが古くなってほとんど見えない。ここには多種多様な常緑樹が生え、香しい花が咲く見事で心地よい庭園がある。庭園の中央には小さな池があり立派な鯉が泳いでいる。

銀閣寺は三条から三十二丁。

円山

祇園の東に広がる円山一帯は高僧によって開かれたところである。ここの高台にある家々からは京都市全体が一望でき、古都の最もすばらしい景観の一つが楽しめる。それゆえ、博覧会に京都を訪れる外国人のためのホテルがつくられている。銅版画が示すように何種類もの花や果実のなる木を植え込む優雅で華やかな庭園がありそこには見事な岩を配している。春

になると見事な花を咲かせる桜が何本もあり、人々は花見に出かける。花見は京都人にとって最も楽しい娯楽である。

円山は三条から約十丁。

東大谷

東大谷は西暦一六九〇年に創建された。ここの仏像は人々に神聖なものと受け止められている阿弥陀仏である。そのため、この建物は他の建物よりも壮大に造られている。東大谷からは京都のすばらしい景色が見られるため、京都でも最も有名な場所の一つであるといえよう。東大谷廟には唐門と呼ばれる端正な造りの門があり、そこへは立派な道がある。両側の木立は道に蔭を落としている。

祇園に近く、三条からは十二丁。

八坂

八坂の塔はその昔、偉大な聖徳太子によって建立されたが、仏教崇拝のために建てられた最初の塔である。後に塔は壊れたが大変有名な将軍源頼朝によって再建された。現在の塔は銅版画からもわかるとおり極めて堂々としたものである。八坂の塔は清水寺への途中にある。

洛東清水寺

五條ノ陶器

八坂は三条から十二丁。

清水

京都でも最も壮大な寺院である清水寺は、桓武天皇が京都を日本の都と定めた頃に大悲観世音菩薩信仰のために坂上田村麻呂によって創建された寺である。巨大な「舞台」と称される骨組みの上に清水寺は建っている。清水寺への坂道は見事な石畳で大変歩きやすい。

清水寺の本堂、つまり本尊である観世音菩薩の建物は大きく荘厳である。この観世音菩薩は、今なお京都の人々の信仰を最も集めている仏の一つである。それゆえに、この清水寺には毎日少なくとも百人ないしは二百人、特に女性の信者が詣でる。ここからの眺望は、京都全体を眺めることができ、おそらく京都でも屈指の場所である。

清水寺へは三条から約二十丁。

清水焼

清水坂には多くの、見事な陶器を扱う店が建ち並んでいる。ここで製作される皿、急須、湯呑茶碗はその見事さにおいて世に知られる品々である。しかもその中の幾つかは非常に高価である。清水焼の陶器は京都市で作ら

洛東西大谷

洛東大佛殿

れる主要な産物の一つである。清水焼は日本各地へ高値で送り出されている。

西大谷

親鸞聖人は浄土真宗を広めるために西暦一二九九年頃西大谷廟を創建し、一七〇九年頃、徳川幕府の命によって再建された。大谷廟は、大変良い立地にあり、見事な庭がそれを囲んでいる。坂を登って廟へ行く途中、その形から「眼鏡橋（円通橋）」と呼ばれる立派な石橋を渡る。眼鏡橋の架かる池の周りには鮮やかな楊柳と桜が植えられ、唐門と称する立派な門がある。

この大谷廟は清水寺のすぐそばで、三条からは十八丁。

大仏

豊臣秀吉は大仏と呼ばれる巨大な仏像をつくらせた。この大仏は木像でワニスを塗布してある見事なものである。仏像の高さは一六〇フィート、仏像を覆う大仏殿の高さは二〇〇フィート。大仏もろとも大仏殿も何度か地震と雷によって破壊された。現在の大仏は木像で最初のものと比べてもはるかに劣っている。元のもので残っているのは大梵鐘だけとなっている。

大佛ノ耳塚

洛東三十三間堂

梵鐘の大きさは高さ一四フィート、直系九フィート四インチ、厚さ九インチ。

大仏殿は三条から南に十五丁。

耳塚

耳と鼻の墓である耳塚は大仏殿の門の前に立つ。これは西暦一五九〇年頃の日本の支配者太閤秀吉によってつくられた。朝鮮を攻めるため一五〇万の兵を出兵させた際、武将たちに討ち取った敵兵の耳や鼻を持ち帰り見せるように命じた。これは、持ち帰った敵の首を大将が首実検するのが日本の古くからの習慣であったが、そうするには朝鮮は遠すぎて不可能であったため、秀吉はこのような命令を出したのである。日本に持ち帰った耳と鼻は全てこの耳塚に埋められた。五輪塔は周囲七二〇フィート、高さ三〇フィート。

蓮華王院（三十三間堂）

大仏殿の近くにある蓮華王院は一一五〇年頃日本の天皇であった後白河天皇によって創建された。後白河天皇は観世音菩薩崇拝のためこの寺を建立させた。三十三間堂と呼ばれるこの寺の最も大きい建物には一千体余の

洛南稲荷社

洛東泉涌寺

千手観音が安置されている。千手観音の高さは全て五フィート。この寺の建立後久しくしてから弓術家たちが寺の廊下から屋根に当てないように矢を射るのが恒例になった。矢の跡は柱やその他多くのところに見られる。

稲荷

伏見に行く途中にある伏見稲荷大社は、我が国において最も有名な神社であり、日本の各地で信仰されている稲荷社の総本社でもある。伏見稲荷大社は、淀川が一望できる稲荷山と呼ばれる丘の上にある。

三条からここまでは約三十七丁。

泉涌寺

泉涌寺は西暦八五〇年頃、文武天皇の左大臣であった藤原緒嗣によって創建された。後に歴代天皇の菩提寺となり今に至っている。泉涌寺は蓮華王院の南東にあたる小さなくぼ地にある。

三条からは二十八丁。

東福寺

伏見から京都への伏見街道沿いにある東福寺は、一二三〇年頃に鎌倉の

洛東東福寺

洛南中治

将軍藤原頼経によって建立された。ここには壮大な本堂の他、多くの壮麗な塔頭が建ち並ぶ。長い塀が寺院を囲み見事な松がその前に並び植えられている。

東福寺へは三条から二十三丁。

宇治

淀川の東側に広がる宇治村は、わが国でも有数の茶の産地として有名である。少なくとも二、三〇〇年は経っていると思われる茶の木もある。宇治の土壌は日本のどこよりも茶に適しており、住人のほとんどが茶の栽培に従事している。ここで栽培される茶は、多く日本全国のみならず外国へも輸出されている。したがって、宇治茶は我が国の最も主要な輸出品である。春、娘や女たちの茶摘みの光景は大変好ましいものである。

宇治は京都の南東にあり、三条から宇治村までは三里。

黄檗

黄檗山万福寺は洛南でも最も壮麗な寺院である。開祖は、一六五〇年頃に中国から渡来した隠元禅師である。隠元禅師は徳川幕府の命によってこうした壮麗な大寺院を建立した。万福寺には豪華で壮麗な門と塔頭がある。

洛南黄檗山

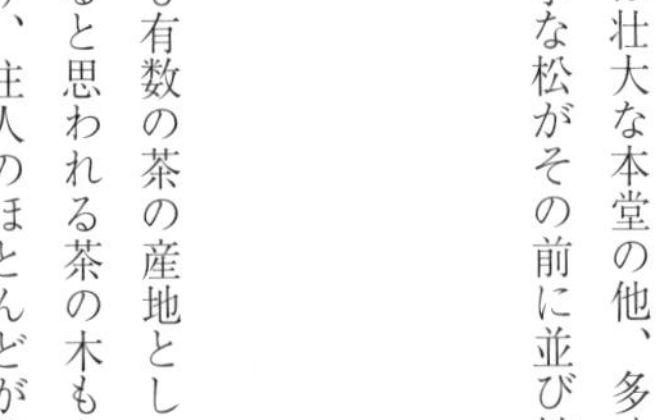

洛南本願寺

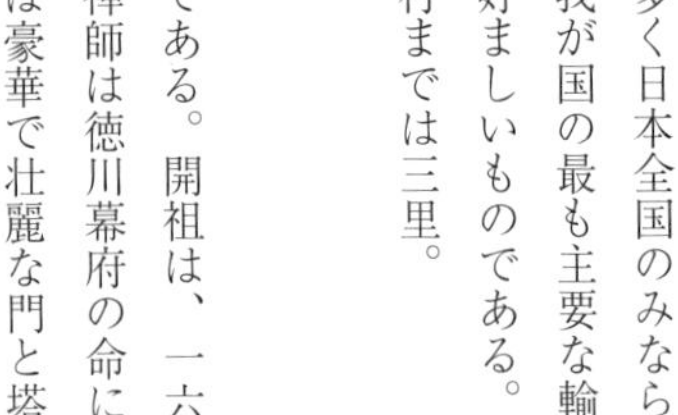

本願寺

先の博覧会が催された本願寺は、一二六〇年頃、時の天皇であった亀山天皇によって創建された。この寺院は京都でも最大の寺院の一つである。この寺院を大きな美しい築地塀が取り囲んでいる。飛雲閣という名の、小さくはあるが見事な建物には優美な庭園がしつらえてある。本願寺の本堂はその美しさと壮大さで有名である。

本願寺は西六条にあり、三条から二十六丁。

本國寺

堀川松原南にある本國寺は法華宗の高僧日蓮上人によって創建された。本國寺の立派で広大な境内には、堂々とした塔の他に塔頭、緑の松樹が植えられている。他にも、大きな門があり本堂の裏手には「客殿」と呼ばれる御堂がある。客殿の周囲には見事な木が多く植えられている。

本國寺は御所から二十四丁。

東寺

京都の南西部にある東寺の開基は、高名な弘法大師・空海である。ここは京都でも最も大きい寺院の一つ。東寺は高い塔でよく目立つので遠く離

洛内本國寺

洛内東寺

れたところからでも一目でわかる。広壮な境内には壮大な建物が建ち並び、松の木が多く築地塀がそれらを囲む。毎月二十一日には多くの京都市民が参詣する。

八幡石清水

京都市の南西に位置する石清水八幡宮は、この国を神として統治した偉大な天皇を祀るために清和天皇によって創建された。この神社は淀川の南西の丘の上にあるので、淀川を大阪から伏見へと上る船からも見える。建物は極めて荘厳で豪華な造りで、この国の最も崇拝される人々を祀った神社の一つであるといわれる。

三条からここへは約三里。

長岡

長岡天満宮は八七〇年頃に活躍した菅公（菅原道真）という名高い人物を祀った神社である。学者であり高潔な人であった道真は、今日に至るまでなお神として崇められ、今もなお全国津々浦々で崇拝されている。長岡天満宮は開田村の西に位置する絶好の場所にある。

ここへは三条から三里。

洛南長岡社

梅宮

梅宮大社は西山では最も壮大な神社である。ここの本殿前の神苑には見事な池があり、その中央には小さな島がある大変落ち着いた神社である。島には小さな建物があり小さな橋が池に架かっている。西山を訪れるのであれば、洛西方面で最も立派な神社で、有名でもあるので是非とも梅宮大社に立ち寄られるといい。

三条からは五十六丁。

嵐山

嵐山は京都市の西方にある。嵐山の麓を迂回して大きな清流が流れている。春には多くの美しい桜が花開き、秋には紅葉したモミジがまるで花のように美しい。さらに大川には琵琶湖のそれと比べても見劣りしないくらい立派な魚が棲んでいる。ここには、春は見事に咲く桜の下で花見を、秋には鮮やかに紅葉したモミジを楽しむために多くの人がやってくる。嵐山は、実に見事な景勝の地である。

三条から嵐山へは約二里。

清涼寺

清涼寺は奈良東大寺の僧侶・奝然が創建した寺院である。奝然は一〇〇〇年頃中国に渡り仏教を学んだ。清涼寺は西山でも見事な多宝塔と壮麗な楼門を備えた壮大な寺の一つである。

三条から清涼寺へは十八丁。

仁和寺（御室）

御室にある仁和寺は洛西で最も壮麗な寺院の一つである。ここは、仏教信仰のために光孝天皇によって建立され、後に、我が国で最も格式のある寺院の一つとなった。目下、仁和寺所蔵の貴重な年代物が展示してある。この寺に所蔵されている金銀の装飾を施した貴重な宝什は豊臣秀吉やその他各地の大名が寄進したものである。境内には、春になると多くの花や大変美しい花を咲かせる木々が多く植えられ、春の桜の時期には、ここで花見をする人が多い。その他、仁和寺は、親王たちが相次いで宮号をもったまま寺の僧侶となった。

大徳寺

大徳寺は大燈国師によって創建された。開基大燈国師は学僧として大変

有名であった。大徳寺の塔頭は全て壮大で、そこには見事な仏像がある。寺院の入り口には荘厳な楼門がそびえ立っている。

今宮神社の南側にあり、三条からは二十五丁。

金閣寺

北野神社の北西に位置する金閣寺は、将軍足利義政が銀閣寺を完成する少し前に創建した建物である。建物全体が金箔で装飾された楼閣は、今も庭園の真中で静かにそのたたずまいを見せている。だが古くなったために金箔が薄れてよく見えない。けれども荘厳な建物と見事な庭園は、今もかつての姿を彷彿とさせている。金閣寺は、華麗さと荘厳さで銀閣寺に勝っている。特にこの金閣寺の庭園は広大でその中に立派な建物が多く建ち、楼閣前の池には魚が多く泳いでいる。おそらく、金閣寺は京都でも大規模で荘厳な寺院の一つである。

三条から金閣寺へは五十丁。

また金閣寺からは衣笠山と呼ばれるそのさま良き山が見える。

北野

平安時代きっての学者であり慈悲深く、民の福利増進に努めた菅公（菅

洛北大徳寺

洛西金閣寺

原道真）を祀った北野天神は極めて荘厳な神社である。北野神社の本殿は宮中の建物そのままの造りとなっている。御所の西に位置し、金閣寺へ行く途中にある。神社の前には必ず鳥居があるが、ここには非常に大きな鳥居が建っている。この立地は極めて好位置であり見事な松林が神社を囲んでいる。

三条から北野神社へは四十一丁。

西陣

西陣は我が国の絹織物の産地として最も有名である。豪華で高価な着物はここで織られるが、中には金糸で織ったものもある。冬に大いに役立つ首巻きも、目下ここで生産され京都で大流行している。西陣で生産される首巻きは外国製に比べ格安であり、日本の各地へ高値で売り出されている。

上賀茂

下鴨神社とほぼ同時期に創建された上賀茂神社は、必要な費用を国費で賄われている神社の一つである。上賀茂は荘厳さと壮大さで下鴨に勝っている。ここの本殿は実に豪華な造りとなっている。神社の広い境内では毎年流鏑馬が催される。市街地からは遠いが、ここまでの賀茂川の土手道に

洛北北野神社

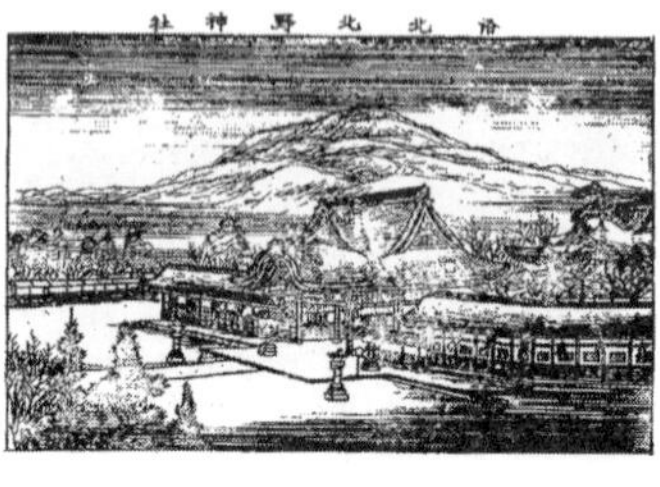

西陣織物

は松が多く生えており歩いて行くのには楽しい道である。

三条から上賀茂神社へは六十六丁。

下鴨

下鴨神社は日本神話の女神・玉依媛を祀るため、天武天皇によって創建された。下鴨神社は大変名高く、祭日には日本の歴代の天皇が必ず詣でたことから、必要な費用が国費で賄われる神社の一つになっている。ここは、本殿すなわち神が鎮座する建物の前に三つの楼門を配した荘厳な神社であり、鬱蒼とした古木の木立に囲まれている。下鴨神社は京都市の北部に位置し、賀茂川が高野川と分かれる分岐点にある。

三条からは二十丁。

賀茂川（鴨川）

賀茂川は京都の北山から流れる貴船川と岩屋川が合流してできている。当市の東部を流れ、二条橋、三条橋、五条橋と過ぎ、淀の西側で淀川に合流する。秋の長雨の時期になると瞬く間に川は氾濫し橋を流し、田畑を壊し作物は全滅する。一方、この川は亜麻布や綿布をさらす場所としても有名であり、さらした布を川原の各所に広げている。鴨川は、二条橋から伏

洛北上加茂

下加茂

見まで流れる高瀬川という小さな運河にも注いでいる。この運河は大変浅いが、大量の商品がこの運河用に建造した高瀬舟に乗せて運ばれる。少数の客舟も伏見と京都の間を往来している。

大津　堅田　比良

大津には開化楼という名の外国人専用の快適なホテルがある。このホテルは琵琶湖畔の絶好の場所にある。三条から大津へは三里。

堅田近くの琵琶湖の水中に建てられた御堂は、鳥が飛来する様がすばらしい光景をつくる。またこの建物から琵琶湖全体を見ることができる。

冬から春先にかけて雪に覆われている比良山は、この時期、とりわけ夕刻には絶景となる。

琵琶湖

京都の東に位置する琵琶湖は周囲に景色の良い場所が多くある美しい湖である。次の八カ所は琵琶湖の景勝地に挙げられている。

1　唐崎の変わった形の松
2　落雁の光景
3　粟津

鴨川堤

近江八景一覧ノ圖

4　石山の秋月
5　瀬田の夕暮れ
6　矢橋に向かう舟
7　雪の比良山の夕暮れ
8　三井寺まで登ると以上の景色がほぼ全部見える

唐崎

唐崎の松は前に記した琵琶湖の景勝地の一つとされている。水辺に生え、枝を大きく湖面に突き出ている。この松は、少なくとも樹齢二、三百年と言われている老木で、枝から枝へ、そして最後は湖面に落ちる雨だれは一種独特の音を奏でる。

瀬田　粟津　石山

琵琶湖の流出口である瀬田川に架かる瀬田の唐橋は大変有名で大きな橋である。この瀬田の夕暮れの眺めは絶景で夕刻に多くの人が訪ねるほどである。

粟津は琵琶湖畔でも極めて魅力的なところである。ここでの最も見事な情景は、晴天に風が吹き起こる時に見られ、湖面の波は銀色に輝き実に美

三井寺ヨリ唐崎堅田見ル

近江唐崎松

しい光景となる。

石山寺は、琵琶湖の流出口に近い山の上にあり、そこからは川下がよく見え、秋には多くの人が月見に訪れる。

比叡山

京都で最も高い比叡山は、当市の北東部にある。山の頂上には延暦寺という大きな古い寺院がある。延暦寺は桓武天皇が京都を都とした際に創建した寺院である。後に、延暦寺の僧侶は強大な勢力となり、時には他寺の僧侶と激しく争いむごたらしい殺戮を重ね、敵の寺院を焼き払ったりもした。一時期、比叡山は一千人もの僧侶を擁していた。一五四〇年、織田信長に対して比叡山の僧侶が蜂起したが、挙げ句の果て打ち負かされ一人残らず殺され、見事な伽藍は全て焼き払われた。現在の延暦寺は、壮大さ、壮麗さにおいて当時のものとはだいぶん相違がある。比叡山からは琵琶湖全体がほぼ一望できる。それは京都周辺で最も良い景色の一つであり、旅行者が頂上まで登ってみる価値はある。

三条から比叡山へは三里。

石山ヨリ勢田橋ヲ見ル

比叡山

参考文献一覧

◉邦　書

田辺太一著・坂田精一訳『幕末外交談』平凡社、一九六六年。

吉田光邦編『図説万国博覧会史　一八五一－一九四二』思文閣出版、一九八五年。

吉田光邦編『万国博覧会の研究』思文閣出版、一九八六年。

東京国立文化財研究所編『明治万国博覧会美術品出品目録』中央公論美術出版、一九九七年。

ジャポニスム学会編『ジャポニスム入門』思文閣出版、二〇〇〇年。

久島伸昭『「万博」発明発見50の物語』講談社、二〇〇四年。

國雄行『博覧会の時代─明治政府の博覧会政策─』岩田書院、二〇〇五年。

富田昭次『絵はがきで見る日本近代』青弓社、二〇〇五年。

杉山知之『クール・ジャパン　世界が買いたがる日本』祥伝社、二〇〇六年。

奥野卓司『ジャパンクールと江戸文化』岩波書店、二〇〇七年。

紀成常喜『増補三版　平安遷都紀念祭第四回勧業博覧会聯合計図予定大略　完』商報会社、一八九三年。

金谷真一『ホテルと共に七十五年』金谷ホテル株式会社、一九五四年。

守屋毅編著『共同研究モースと日本』小学館、一九八八年。

吉見俊哉『博覧会の政治学』中央公論社、一九九二年。

宮家準『日本の民俗宗教』講談社、一九九四年。

宮家準『修験道と日本宗教』春秋社、一九九六年。

森田一郎編『明治フラッシュバック　ホテル』筑摩書房、一九九八年。

宮家準『役行者と修験道の歴史』吉川弘文館、二〇〇〇年。

竹本幹夫『安宅』檜書店、二〇〇〇年。

岡部昌幸『すぐわかる作者別アール・ヌーヴォーの美術』東京美術、二〇〇三年。

吉田智彦『熊野古道巡礼』東方出版、二〇〇四年。

藤田庄市『熊野、修験の道を往く「大峯奥駈」完全踏破』淡交社、二〇〇五年。

宮城泰年監修『人はなぜ修験に向かうのか？　山伏入門』淡交社、二〇〇六年。

中淳志『聖護院　大峯・葛城の行者』東方出版、二〇〇六年。

宮家準『神道と修験道　民俗宗教思想の展開』春秋社、二〇〇七年。

市川團十郎『團十郎の歌舞伎案内』ＰＨＰ研究所、二〇〇八年。

◉翻訳書

新渡戸稲造著・須知徳平訳『武士道』講談社、一九九八年。

イザベラ・ルーシー・バード著・高梨健吉訳『平凡社ライブラリー　日本奥地紀行』平凡社、二〇〇〇年。

イザベラ・ルーシー・バード著・楠家重敏他訳『バード　日本紀行』雄松堂、二〇〇二年。

ラドヤード・キプリング著・ヒュー・コータッツィ／ジョージ・ウェッブ編・加納孝代訳『キプリングの日本発見』中央公論新社、二〇〇二年。

チャールズ・アップルトン・ロングフェロー著・山田久美子訳『ロングフェロー日本滞在記　明治初年、アメリカ青年の見たニッポン』平凡社、二〇〇四年。

朝比奈美知子訳『フランスから見た幕末維新―「イリュストラシオン」日本関係記事集から』東信堂、二〇〇四年。

M・C・ペリー著・土屋喬雄／玉城肇訳『日本遠征記　1〜4』岩波書店、一九四八〜一九五五年。

タウンセンド・ハリス著・坂田精一訳『日本滞在記　上・中・下』岩波書店、一九五三年〜一九五四年。

A・サトウ著・坂田精一訳『一外交官の見た明治維新　上・下』岩波書店、一九六〇年。

エドワード・S・モース著・石川欣一訳『日本その日その日1〜3』平凡社、一九七〇年〜一九七一年。

フリーダ・フィッシャー著・安藤勉訳『明治日本美術紀行』講談社、二〇〇二年。

ジョン・セイヤー著・守屋毅訳『モースの贈り物―甦る100年前の日本』小学館、一九九二年。

V・F・アルミニヨン著・大久保昭男訳『イタリア使節の幕末見聞記』講談社、二〇〇〇年。

◉雑誌・図録

『行ってみたいなよその国』サントリーミュージアム〔天保山〕、一九九七年。

『海を渡った浮世絵展』財団シーボルト・カウンシル、一九九四年。

『世紀の祭典　万国博覧会の美術』大阪市立美術館他編、二〇〇四年。

『プラチナ　サライ』小学館、二〇〇四年七月二十四日号。

『ニッポンの魅力　NHK COOL JAPAN』株式会社アスコム、二〇〇七年。

◉雑誌・図録

東京国立博物館他監修『日本の美術427〜428』至文堂、二〇〇一年〜二〇〇二年。

◉写真協力

総本山聖護院門跡

あとがき

明治を契機にニッポンは様変わりをし始めた。その顕著な動向は、神仏混淆の禁止令であったろうか。神道を日本の国教に、という目論見が当時無かったわけではないが、それは目論見に終わる。今日のありようを考えたならば、当時のニッポンは一気に外国からの新情報と人とが流入しすぎたのであろう。むしろそちらに目は向いた。それでも、未だにニッポン人は神に祈願し、仏に祈りを捧げる。その一面は、現在では信仰というよりも〝癒し〟であったり〝慰め〟であったりする。

十九世紀半ばのニッポン人が、ニッポン以外の文化も、もしかしたら面白いのかもしれない、というワクワク感をもっていたか否かは図りかねるが、この時期ニッポンはあらゆる文明社会の坩堝と化した。それが明治であったのだと思うところである。

ニッポンを世界に知らしめる方法であった博覧会を考え始め、既に十年以上が経過する。もっと書くべき事柄、材料はあったが、少し省いたことも事実である。その中で、ニッポンって一体なに、という疑問が沸々とわき起こってきた。

今から四半世紀前、同志社大学神学部の学生であったとき、自分が日本に生まれ、日本人であることを当然のように思いながら、異教の神を信仰するキリスト教となった。それ以降、どこか違和感と軋み感をもちながら聖書を読んでいた。その経験が無駄だったとは思わない。後に、文学部国文学専攻へ転学部して、改めて日本の神々を考え始めたことを思えば、〝考える〟機会を得たのだろうと理性的に理解している自分自身がいる。そこでの違和感の根幹は、言うまでもなくニッポンって何?であった。

その延長のいま、改めて〝ニッポンって何?〟という疑問に断片的に解答を出そうと試みたのが本書である。二〇〇七年度半年間、在職する大学から国内研修の時間をもらっての格闘であった。その貴重な時間と共に、大学入学以来の師匠・廣川勝美同志社大学名誉教授、本書制作にあたり大きな御教導を賜った生田神社・加藤隆久宮司と、聖護院門跡宮城泰年大僧正猊下に衷心より感謝を記しておきたい。そして本書の出版に尽力してくれた翰林書房に心から御礼を申し上げる。

そして少しだけ私に影響を与え続けてくれた京都・北白川で株式会社京鐘代表取締役社長を務める辻順子氏へも感謝しておこう。辻氏とは十九歳もの年齢差、しかも誰がどう見ても話が合うとは思えない性格、ものの考え方と、接点はどこにもないが、〝ニッポン〟を全く違った方法と手法によって考えてきた点だけは一致している。折ある毎に時を重ね、私の愚問に答えを出してくれた辻氏に、せめてもの心の内をここに記しておくこととしたい。忌々しくて、面と向かっては言えないから。

二〇〇八年一月十三日　生んでくれたことを感謝して、母の十三回忌に。

神尾登喜子

【著者略歴】
神尾登喜子（かみお・ときこ）
阪南大学教授・博士（文学）、1963年生まれ、群馬県出身、『古代律令文学攷―史籍と地誌』で同志社大学より学位取得。著書に『古代都市文学論』（翰林書房）、共著に『終末都市』（八幡書店）、『周縁からの文化』『景観十年　風景百年　風土千年』（共に蒼洋社）、代表編集委員『神仏研究　第一輯』（翰林書房）、編集担当『神仏霊場巡拝の道　公式ガイドブック　神と仏の道を歩く』（集英社）ほか。2009年4月より『週刊　古社名刹を巡る』（集英社刊・連載開始）。現在、神仏霊場会専門委員。

不思議の国・ニッポン
―神と仏の風景―

発行日	2009年4月12日　初版第一刷
著　者	神尾登喜子
発行人	今井　肇
発行所	翰林書房
	〒101-0051　東京都千代田区神田神保町1-14
	電話　03-3294-0588
	FAX　03-3294-0278
	http://www.kanrin.co.jp/
	Eメール●kanrin@nifty.com
印刷・製本	総　印

落丁・乱丁本はお取替えいたします

ISBN978-4-87737-275-0